*Quatre saisons
en Limousin*

Œuvres de Claude Michelet

Chez le même éditeur

La grande muraille
Une fois sept
Mon père Edmond Michelet
Prix des Écrivains Combattants 1972
Rocheflame
J'ai choisi la terre
Prix des Volcans 1975
Cette terre est toujours la vôtre
Des grives aux loups
Prix Eugène Le Roy 1979
Prix des Libraires 1980
Les palombes ne passeront plus
Les promesses du ciel et de la terre
Pour un arpent de terre
Le grand sillon
L'appel des engoulevents

Au Cherche-Midi éditeur

Les cent plus beaux chants
de la terre

CLAUDE MICHELET
et BERNADETTE MICHELET

Quatre saisons en Limousin

Propos de tables et recettes

Dessins de Yves Michelet

ROBERT LAFFONT

Collection « Les mets et les mots »
dirigée par Claude Lebey

© Éditions Robert Laffont, S.A., Paris, 1992
ISBN 2-221-07216-2

Sommaire

Avant-propos / 13

L'AUTOMNE EN PAYS DE BRIVE / 15
L'HIVER EN LIMOUSIN / 55
LE PRINTEMPS EN CORRÈZE / 95
L'ÉTÉ A SAINT-LIBÉRAL / 135

Table des recettes / 173

*Nous remercions Mmes Madeleine Delmond,
Irène Migou, Irène Brosson,
Josyane Chassagnac et Véronique Saunier
qui nous ont apporté une aide précieuse
pour la recension et la rédaction des recettes.*

*A Jacqueline B.
qui eut l'idée de cet ouvrage.*

*Je vis de bonne soupe,
et non de beau langage.*

Molière,
Les Femmes savantes.

Avant-propos

Il me souvient, c'était en... mais qu'importe les millésimes — sauf pour le vin ! —, c'était au temps où les mots fast-food, light, allégés, zéro pour cent de matières grasses et autres termes aussi suspects qu'insipides n'avaient pas cours. En ces années, pas si lointaines mais pourtant inconnues par bientôt deux générations, où le mot cuisine n'était pas encore synonyme de four à micro-ondes et de plats surgelés. Bref, en ces temps où la télévision et sa publicité alourdie par tout un tas de mets prétendus aussi diététiques que succulents n'étaient pas à la veille de déferler au fond de nos provinces. C'était l'époque où chez nous, en Limousin, la graisse de porc, d'oie et de canard remplaçait le beurre dont nous n'étions pas producteurs.

On se nourrissait alors avec les produits du cru et, si les mots « repas gastronomique » étaient rares, ceux de « bonne cuisine » étaient courants. Cela ne veut pas dire que tous les repas étaient des festins, tant s'en faut ! Mais les ménagères d'alors savaient quand même « accommoder le quotidien » et faire d'un simple kilo de pommes de terre un plat tout à fait délicieux.

Les temps ont changé, le Limousin de cette fin de siècle n'est plus celui d'hier ; aussi est-il probable que mes propos sembleront quelque peu nostalgiques.

Mais, par chance, notre cuisine est bien toujours la même : solide, saine, goûteuse. Certes, les produits de base ne sont plus tout à fait semblables, des variétés qui, naguère, étaient l'apa-

nage de notre Corrèze ont disparu, sans doute à jamais, nous les évoquerons plus loin. De même, ne sont plus que curiosités de zoo les porcs limousins ou périgourdins, dodus et gras comme des boudins, et presque aussi noirs !

Malgré cela, les recettes de jadis ne sont pas perdues, elles demeurent, fidèlement transmises de mère en fille !

Ainsi en est-il de celles qui figurent dans cet ouvrage ; patiemment recueillies par mon épouse, testées à la maison, pour mon plus grand bonheur et celui des amis, nous vous les proposons maintenant. Elles sont sans prétention mais délicieuses.

Il est vrai que nous avons su rester à l'abri des modes culinaires. Celles qui, entre autres snobismes, tendent à faire croire aux consommateurs que plus l'assiette est grande et la portion petite, meilleur est le repas !

Nous n'avons pas de ces afféteries fallacieuses chez nous, et nous n'en voulons pas. Nous en sommes restés aux honnêtes portions, aux plats copieux, solides. Et nous ne rechignons point à nous resservir et à finir, sans vergogne, le plat de cassoulet maison, le coq au vin ou l'omelette aux cèpes, ça fait tellement plaisir à la maîtresse de maison !

Alors, si notre Limousin a changé en cinquante ans, si même nos paysages ont, par endroits, été mités, gâtés par l'anarchique et lépreuse expansion des villes, notre cuisine est toujours là, solide, prête à rassasier le plus agréablement possible le marcheur qui, au fil des saisons, des promenades, des paysages et des souvenirs, prendra le temps de découvrir notre Limousin.

L'Automne en pays de Brive

> Est-il rien de plus agréable en ce bas monde que de s'asseoir, avec trois ou quatre vieux camarades, devant une table bien servie, dans l'antique salle à manger de ses pères ; et là, de s'attacher gravement la serviette au menton, de plonger la cuiller dans une bonne soupe aux queues d'écrevisses, qui embaume, et de passer les assiettes en disant : « Goûtez-moi cela, mes amis, vous m'en donnerez des nouvelles. »
>
> ERCKMANN-CHATRIAN, *L'Ami Fritz.*

En dépit de l'affirmation du calendrier, j'ai toujours pensé que l'année s'achève en automne. Elle entre en agonie lorsque jaunissent et tombent les feuilles des peupliers, que roussissent les fougères et s'ouvrent les bogues des châtaigniers. Elle meurt avec les premières gelées, qu'accompagnent des ciels bas, torturés par ce vent qui nous vient du sud et qui se déchaîne aux alentours de la Saint-Luc en une sorte d'ultime combat entre le souffle ensoleillé d'Afrique et les glaces du Nord.

Déjà, depuis quelques jours, et c'est un régal pour l'œil, les grands migrateurs s'enfuient en toute hâte car, pour eux aussi, l'année est finie, défunte.

Tout a commencé par une nuit épaisse dans laquelle, d'abord à peine audibles et tombant de la voûte des septentrions, ont résonné les glaçants appels des grues cendrées planant vers les lacs africains. Lugubres plaintes pour ceux qui en ignorent l'origine ; cris d'âmes errantes et damnées, assurait-on jadis, revenant maudire les malheureux mortels tapis tout tremblants sous leurs couettes. Sabbats de sorcières en quête de mauvais coups, chasse volante aux relents de soufre, ainsi jugeait-on jadis les premières messagères de l'automne.

Après elles, et dès le lever du soleil, luttant pitoyablement à contre-vent, mais eux aussi poussés par l'avance du froid, descendent les groupes de passereaux : pouillots, gobe-mouches, fauvettes, tant d'autres encore dont on doute, en les voyant si menus et contrariés par le vent, qu'ils atteindront bientôt le printemps du Kenya, ou même, plus proche, le tiède hiver des côtes marocaines. Et pourtant, on sait bien qu'on les reverra dans quelques mois !

Luttant aussi contre le souffle qui se renforce alors que grimpe le soleil, mais tellement mieux armées que les gentils traquets-motteux, bergeronnettes ou rouges-queues à front blanc, qui n'en peuvent mais, défilent maintenant les palombes. Groupes compacts, denses, aux mouvants reflets bleu acier. Vols énormes qui, tous les ans, se succèdent aux mêmes passages, aux mêmes cols. Foultitude impressionnante toute froufroutante de ses milliers de rémiges frappant l'autan.

Indifférents à toute cette fébrile agitation que contemplent, inquiètes, frémissantes et prêtes au départ, les hirondelles assemblées sur les fils, planent les milans royaux. Ils passent, majestueux, nonchalants mais sûrs d'eux, battant à peine l'air de leurs longues ailes rousses, affûtées et profilées comme des faux et qui tranchent le vent sans paraître y toucher. Et leur vol semble si paresseux et lent qu'on a peine à imaginer qu'ils se hâtent, eux aussi, vers le sud, sa chaleur, sa nourriture.

Et pourtant ils s'éloignent et nous quittent, et avec eux, et tous les autres migrateurs, meurent l'été et l'année.

C'est ainsi que je perçois tout cela. Pour moi, tous les ans, l'année finit en automne, quand, dans le ciel bas, se profilent les premiers migrateurs et que se lève le vent d'autan.

Mais il n'en fut pas toujours ainsi, et j'irai jusqu'à dire qu'il fut un temps où j'enterrais l'année quelques semaines plus tôt.

Jadis, lorsque toute ferme digne de ce nom se devait d'avoir sa vigne — donc son vin assuré pour l'année —, c'étaient les vendanges qui me servaient de jalon. Avec elles s'achevaient septembre et les vacances. Et, quoi que je fasse pour occulter cette sinistre évidence, le décompte des jours qui me séparaient de la rentrée s'insinuait en moi, m'affirmait que bientôt, sous peu, viendrait le départ.

Un sombre départ vers le nord, vers Paris, à contre-courant des migrateurs normaux, un périple contre nature !

Mais bon, c'était ainsi. D'ailleurs, avant de penser à boucler les valises, il me semblait beaucoup plus important d'aller, chaque jour — et dix fois plutôt qu'une ! —, m'assurer que les raisins étaient bien mûrs, prêts à la cueillette.

Nous cultivions à l'époque quinze rangées de vigne dont nous n'étions pas peu fiers. Il y avait là des ceps superbes, lourds de grappes, de magnifiques alignements de plants d'où fusaient, en criaillant à mon approche, les grives et les merles.

Je pense que tous ces volatiles réunis, malgré leur effectif, faisaient des coupes moins sévères que les miennes dans les pieds de *Chasselas*. En effet, par chance, histoire sans doute de sauver l'honneur, il y avait du *Chasselas*, quelques ceps très comestibles ! Sucrés à souhait, juteux, un régal !

Ce n'était pas le cas du reste ! Franchement, Dieu me pardonne, je jure qu'il fallait une peu commune gourmandise d'enfant pour se goberger des autres raisins ! J'ai dit que toute ferme digne de ce nom se devait d'avoir sa vigne, je crois aussi avoir parlé du vin...

Pourquoi ne pas le dire tout de suite, autant notre Limousin et plus spécialement notre Corrèze ont, entre autres charmes, des paysages magnifiques, d'excellents produits et une cuisine qui peut être succulente, autant la vigne familiale qui y croît produit un breuvage qui n'a de vin que le nom !

Il faut même une belle dose de courage, un gosier et un estomac galvanisés pour ingurgiter un seul verre de la piquette aigre à périr que les derniers agriculteurs qui nous restent continuent à produire, pour leur consommation personnelle heureusement !

Quant au marc que d'aucuns obtiennent en distillant cette sorte d'encre décapante, mieux vaut n'y point toucher, c'est tout juste s'il ne corrode pas le verre des bouteilles dans lesquelles il est censé se bonifier ! Un poison !

Bien entendu, c'est l'éternelle histoire, tous les anciens s'accordent à dire que, jadis, le vin était bon, voire même excellent ! D'ailleurs, on en vendait aux gens du Nord ! (Chez nous, à Brive, qui se flatte d'être le riant portail du Midi, le Nord commence à Donzenac, à dix kilomètres de là !)

Bref, il se faisait du vin chez nous ; enfin, une sorte de breuvage que certains baptisaient vin. Il est vrai qu'il eût été difficile de produire un nectar avec les plants que nous cultivions. Ils étaient aussi variés que redoutables, bons à tout et à rien, hybrides américains pour la plupart, ils eussent donné un honnête gros rouge en d'autres terres, sous d'autres cieux et avec une bonne technique de vinification. Certains même étaient franchement assassins, au sens fort du terme. Bourrés d'éther comme le *Noah*, ils furent heureusement interdits à la culture dans les années 50 ; ils rendaient fous les amateurs !

Là encore, quelques anciens affirment que c'est à cause de cette interdiction (ô combien salubre !) que notre vin a moins de bouquet que naguère, qu'il est moins charpenté, moins capiteux ! Laissons ces amateurs à leur nostalgie. Et puis qu'importe, ce qui m'enchantait lorsque j'avais dix ans, ce n'était pas que le vin soit buvable ou non, là n'était pas mon bonheur. En revanche, oui, le jour de la vendange était de fête !

Il me souvient, c'était... C'était toujours par un de ces petits matins de fin septembre qui fleurent encore l'été mais ruissellent à leur lever d'une fraîche rosée qui, bientôt, sera gelée blanche. Et dans les vallons, aux pieds des châtaigneraies, stagne une laiteuse et froide brume. Tout brillait, tout palpitait à l'apparition du soleil et la vigne était là, lourde de ses grappes opulentes, toutes fardées d'une pruine humide.

Dans la charrette à bœufs, installée depuis la veille au soir en haut de la vigne, attendaient les comportes vides qui, malgré maints rinçages, empestaient encore la vinasse de l'année précédente.

    Paniers et sécateurs en main, nous nous répartissions par groupes de deux ou trois le long des rangées. Commençait alors la cueillette. Elle me lassait vite. Mais, enfant, j'avais loisir d'aller d'un rang à l'autre, de grappiller ici et là, de houspiller gentiment les voisins et voisines venus en entraide. Glanant ici une grappe de *Rayon d'or*, là celle d'un *Cabernet* — il y en avait aussi quelques ceps —, j'y picorais à loisir les plus beaux grains, m'en délectais, m'en barbouillais. C'était la fête, la dernière avant la rentrée.

    C'était aussi l'automne, alors, parfois, résonnant de colline en colline, crépitaient quelques lointains coups de fusil. Ils prouvaient que tous les voisins n'étaient pas aux vendanges et que de malheureux perdreaux ou garennes en faisaient les frais.

    Vers neuf heures et demie, les vendangeurs s'arrêtaient pour casser la croûte. Moment savoureux pendant lequel circulaient de main en main la lourde miche de pain, le bocal de rillettes grasses à souhait, le pâté de tête et, en final, sortis d'un torchon immaculé mais à l'aigrelette odeur de petit-lait, les fromages blancs, frais, crémeux, au goût inoubliable.

    A la reprise du travail, le soleil tapait déjà fort et l'odeur des grappes, un peu écrasées dans les comportes, attirait des multitudes de guêpes et de frelons voraces. Pour moi, le bonheur n'était plus dans la vigne ; repu de raisins, les doigts et les lèvres barbouillés d'un sirop rougeâtre, il me venait maintenant une petite soif ; je savais où l'assouvir.

    Là-bas, dans la cave de la ferme, grinçait et chantait le vieux pressoir à cylindre mû par les bras vigoureux de quelques voisins. J'étais fasciné par les paniers de raisins dégringolant dans la machine. Les grappes tournoyaient, sautaient comme pour échapper aux dents d'acier toutes dégoulinantes de jus, puis, soudain avalées, elles disparaissaient en un chuintement humide et chutaient, informes, dans la cuve où frémissait un magma odoriférant.

    Ah ! ce jus frais de raisin, quel parfum, quel nectar ! Il

moussait, bouillonnait, excitait les papilles... Il traînait toujours dans la cave, sur une poutre basse, un vieux verre au pied ébréché et à la coupe toute patinée par les ans et les vendanges passées. Jamais rincé, il avait pris la couleur d'un vénérable porto et servait de taste-vin à tout le monde. A moi aussi, et j'ai encore en bouche le goût savoureux, fruité, incomparable de ces pleurs de raisins que je puisais dans la cuve, sous l'œil goguenard du voisin qui prévoyait pour moi des lendemains de course...

Vendanges de jadis, ponctuées, à treize heures, d'un solide repas à la ferme, dans la grande salle qui embaumait le bouillon de pot-au-feu au vermicelle, la volaille rôtie, les pommes de terre à la graisse, la salade de tomates et d'oignons nouveaux, le fromage blanc et les tartes aux confitures.

Vendanges de jadis, dernier bonheur de l'année, dernières heures de vacances. Pour moi, l'année était finie, la rentrée imminente. Heureusement, la table était là, en guise de consolation !

Soupe à l'oignon

Ingrédients pour 6 personnes :

2 oignons
1 gousse d'ail
sel, poivre
pain de seigle un peu rassis
fromage râpé
graisse d'oie

Temps de préparation : 10 mn
Temps de cuisson : 15 mn

Prévoir 6 bols en terre

Faire revenir les oignons coupés en fines lamelles dans la graisse d'oie. Couvrir d'1 l et demi d'eau tiède salée et poivrée, ajouter la gousse d'ail.
Laisser cuire une dizaine de minutes environ.

Remplir les bols contenant de fines lamelles de pain de seigle, napper de gruyère râpé et mettre à gratiner quelques minutes au four.

Magrets de canard aux cèpes

Ingrédients pour 6 personnes :

3 magrets de canard (les meilleurs s'achètent au marché de Brive-la-Gaillarde)
persil
cèpes (à volonté)
une pointe d'ail

Temps de préparation : 10 mn
Temps de cuisson : 20 mn

Sortir les magrets du réfrigérateur 1 h avant de les faire cuire. Saler et poivrer le côté viande.

A l'arrivée des invités démarrer la cuisson : dans une poêle, mettre chaque magret côté peau en commençant la cuisson lentement (feu doux) pendant 10 mn. Le retourner et le faire cuire 10 mn de plus.

Allumer le four tiède (4/5), puis envelopper les magrets dans du papier d'aluminium (comme des papillotes), et mettre au four jusqu'au moment de servir (ils se mangent très chauds).

Accompagner de cèpes émincés et grillés à la graisse d'oie avec une pointe d'ail, et de pommes de terre vapeur persillées.

Pommes de terre sautées à la graisse d'oie ou de canard

Ingrédients :

250 g de pommes de terre par personne
75 g de graisse par kg de pommes de terre
1 gousse d'ail
persil, sel, poivre

Temps de préparation : 15 mn
Temps de cuisson : 20 mn

Peler les pommes de terre, les laver, les sécher et les couper en cubes d'un bon centimètre.

Mettre à chauffer la graisse dans une poêle et faire revenir les pommes de terre en remuant régulièrement pour qu'elles grillent sans accrocher. 10 mn avant la fin de la cuisson, couvrir et mettre à feu doux.

Pot-au-feu

Ingrédients pour 6 personnes :

600 de plat de côtes
600 g de gîte
600 g de macreuse
1 os à moelle
6 poireaux, 6 carottes
1 navet, 1 branche de céleri
6 pommes de terre
sel, poivre

Temps de préparation : 30 mn
Temps de cuisson : 3 h

Mettre les trois viandes à l'eau froide salée, amener à ébullition en écumant régulièrement, maintenir l'ébullition à couvert. 1 h avant la fin de la cuisson, rajouter les poireaux, les carottes, le navet, le céleri.

1/2 h avant la fin de la cuisson, rajouter l'os à moelle.

Faire cuire des pommes vapeur à part.

Servir accompagné de cornichons et de moutarde ou de vinaigrette.

Tarte briochée à la confiture

Ingrédients pour 6 personnes :

*200 g de farine
75 g de beurre
1 œuf
3 cuillères à soupe de lait
2 cuillères à soupe de sucre en poudre
1 pincée de sel
15 g de levure de boulanger
de la confiture (parfum au choix)*

*Temps de préparation : 30 mn + 2 h de repos
Temps de cuisson : 35 mn*

Mettre la farine dans un saladier. Faire tiédir le lait, y incorporer le beurre, le sucre, le sel et la levure. Mélanger et verser peu à peu dans la farine, ajouter l'œuf et travailler pour former une boule homogène.

Verser et étaler dans un moule à tarte beurré et fariné. Laisser lever au chaud pendant 2 h.

Au moment de faire cuire, recouvrir la pâte de confiture, laisser une bordure et mettre 35 mn à four chaud (5/6).

Les années passant, d'autres événements vinrent jalonner l'agonie des vacances et de l'année.

Avec septembre, outre les vendanges, s'imposa l'ouverture de la chasse. Quelle folle excitation dans les jours qui précédaient ce dimanche où, à sept heures pile, mon grand-oncle, harnaché et armé comme au Chemin des Dames, me faisait l'insigne honneur de m'accepter à ses côtés ou, plus exactement, sur ses talons ! Car, par prudence, il m'était rigoureusement interdit, sous peine de cinglantes remontrances, de marcher à sa hauteur ; ma place était donc à deux bons mètres dans son dos !

Encore trop jeune pour acquérir l'indispensable permis de chasse, j'avais néanmoins le droit d'emporter mon lance-pierres. Autant dire tout de suite que ni lui ni le

Darne calibre 12 de mon grand-oncle ne creusèrent de gros dégâts dans la faune du secteur !

Le gibier était déjà en voie de disparition et les tableaux de chasse d'une maigreur à réjouir tous les amis des bêtes ! Peu nous importait. Ce qui comptait, c'était la longue promenade dans la fraîcheur du matin et, surtout, cette illusion toujours soigneusement entretenue que nous allions enfin lever « le » lièvre ou « la » compagnie de perdreaux ! J'écris au singulier, car la rareté du gibier était déjà telle que la présence, supposée ou pressentie — voire même seulement souhaitée —, d'un seul lièvre ou d'une demi-douzaine de perdreaux rouges cachés dans quelques centaines d'hectares suffisait pour nourrir les espoirs les plus fous !

Je n'ai jamais su si mon grand-oncle et ses amis (il en venait parfois deux ou trois, armés comme des chasseurs d'éléphants !) étaient dupes de cette sorte de jeu de rôle qu'ils s'appliquaient à suivre. Mais le fait est que, s'ils faisaient semblant de chasser, c'étaient de fameux comédiens ! Toujours flanqués de trois ou quatre chiens de race indécise, mais plus gueulards qu'une meute de saint-hubert ou de fox-hounds, nous partions vers les lieux de chasse. Ils étaient tous superbes, au dire de mon grand-oncle qui venait chasser là depuis plus de cinquante ans et qui jalonnait notre progression de souvenirs cynégétiques et nostalgiques :

« Là, tu vois, ton grand-père a réussi un formidable doublé de perdreaux ! C'était en... Attends, tes parents venaient juste de se marier... En 23 ou 24. Il faut dire qu'en ce temps le gibier ne manquait pas ! Allez, on va battre tout ce coin, je ne serais pas surpris que les perdreaux y soient ! »

Bien sûr, ils n'y étaient pas et seuls quelques merles, étourneaux ou becs-droits fuyaient à notre approche lorsque nous entrions dans les vignes ; elles étaient dépouillées de leurs raisins, mais on y trouvait toujours quelques modestes grappes oubliées sous les feuilles. Mais qu'importait la chasse.

Notre bonheur n'était pas dans quelque triste massacre, mais, plus pacifiquement, dans le plaisir de la marche, de la découverte, au lever du soleil, de paysages magnifiques, calmes, beaux comme le chef-d'œuvre de quelque impressionniste dont la toile eût recouvert toute cette campagne en éveil.

Le plaisir était dans ces haltes que nous faisions au pied des figuiers et de ces fruits que nous disputions aux oiseaux, outrés de notre gourmandise et de notre appétit : petites figues blanches, sucrées comme du miel, figues rouges, à chair douce, parfumées, savoureuses comme des bonbons fins.

Le bonheur était dans ces pommes, craquantes et juteuses, que nous ramassions, ruisselantes de rosée, dans l'herbe ou les chaumes et que nous croquions comme petit déjeuner.

Parfois même, en des coins que nous savions et sur des terres amies — j'entends par là celles des bons voisins —, nous nous laissions aller jusqu'à nous partager un ou deux melons. Petits cavaillons délicieux et sirupeux, ou gros charentais, plus charnus et fermes, derniers sujets d'une récolte faite, restés là à mûrir, tapis sous des feuilles déjà recroquevillées et brunies par les premières gelées blanches. Melons si parfaitement mûrs et succulents que le plus précieux des portos n'aurait pu qu'en gâter la saveur.

Souvent aussi nous musardions sous les petits pêchers qui croissaient dans les vignes. Qui n'a pas goûté une demi-douzaine de pêches de vigne par un petit matin de septembre tout étincelant de rosée ne connaît pas le vrai parfum d'une pêche, la fermeté et l'inoubliable saveur de sa chair, couleur de soleil levant.

Repus, les lèvres pleines de sucre, nous nous offrions ensuite quelque récréation et cherchions une cible. Un pommier sauvage faisait l'affaire. Couvert de petites pommes jaunâtres et farineuses, tellement immangeables que même les frelons les boudaient, il était idéal pour notre exercice de tir !

« Prête-moi ton lance-pierres », disait mon grand-oncle après avoir déposé son fusil déchargé contre un arbre.

Commençait alors, entre lui et moi, une sévère compétition et c'était à qui abattrait le plus de pommes ! Mon grand-oncle n'était pas mauvais à ce jeu-là et tenait à me prouver son adresse et à marquer des points. Je dois dire, sans forfanterie, que je lui donnais du fil à retordre ; le tir au lance-pierres n'avait pas de secret pour moi !

Le fin du fin, la quintessence du bonheur était lorsque je le voyais sortir un journal de la poche dorsale de sa veste de chasse. Incorrigible optimiste, il espérait toujours que le papier journal lui servirait à envelopper quelques lapins ou perdreaux ensanglantés, mais puisque ceux-ci faisaient défaut...

Je le vois encore, comptant trente bons pas, puis dépliant un vieil exemplaire de *Brive-Information* ou du *Figaro*. Il accrochait ensuite la vaste feuille à une branche basse, revenait, glissait une cartouche dans son arme qu'il verrouillait et me tendait :

« A toi, vise bien. Et surtout serre bien la crosse, autrement tu vas te ramasser une de ces calottes ! »

J'étais toujours surpris par la violence du recul, mais rien au monde ne m'aurait fait avouer que j'avais l'épaule endolorie. D'ailleurs, la fierté de compter quelques petits trous disséminés au hasard des articles de fond ou des informations régionales effaçait tout !

C'est ainsi que nous chassions, mon grand-oncle et moi. Notre périple se résumait en de très longues promenades, ponctuées d'arrêts dégustation, de tir au lance-pierres et de ces petites émotions que nous nous faisions lorsque les chiens semblaient vouloir enfin relever quelque piste. Cœur battant, nous nous préparions à débusquer le gibier.

« Bouge pas, petit, chuchotait mon grand-oncle, surtout bouge pas ! Les chiens trouvent ! »

En fait de trouvaille, c'étaient généralement quelques mulots qui excitaient nos limiers, parfois une taupe, quelquefois un haret, exceptionnellement un lapin. Dans ce cas, et neuf fois sur dix, le garenne passait toujours hors de portée et on n'était pas près de revoir les chiens ! Cela n'avait aucune importance et ne troublait en rien notre plaisir. Pas plus que cela ne tarissait les pharamineux, fantastiques et, pour moi, subjuguants souvenirs de chasse que mon grand-oncle égrenait avec ses amis !

J'ai longtemps bâillé d'admiration en écoutant ses récits et en revivant, grâce à eux, de fabuleuses parties de chasse ! Fabuleuses, oui, ça dit bien ce que ça veut dire, mais en ces temps, j'aurais crevé les yeux à quiconque aurait mis en doute ce que je tenais pour indiscutablement authentique !

D'ailleurs, qu'importent les exagérations des narrateurs d'alors, elles faisaient rêver, que demander de mieux ! Elles nous charmaient de vallées en collines et de puys en plateaux jusqu'aux alentours de midi. Les hommes déchargeaient alors leurs fusils, mettaient l'arme à la bretelle, sifflaient les chiens par acquit de conscience et se dirigeaient vers la maison. Les divers fruits du matin n'étaient plus que de lointains souvenirs. Maintenant les estomacs criaient famine, l'appétit était féroce et la table prête !

Coq au vin

Ingrédients pour 6 personnes :
1 coq de ferme de 2 kg
1 oignon
3-4 carottes
1 bouquet garni
200 g de champignons de saison
1/2 l de vin rouge
du lard fumé
de la graisse d'oie et un peu de beurre
sel, poivre

Temps de préparation : 1/2 h + 24 h de macération
Temps de cuisson : 3 h

Découper le coq en morceaux (ou le faire découper par son volailler). Le mettre à macérer 24 h dans une terrine avec le vin, le bouquet garni, l'oignon émincé et les carottes coupées en rondelles.

Pour la cuisson égoutter le coq, le faire revenir à la graisse d'oie et au beurre avec le lard fumé. Lorsqu'il est

Cuissot de chevreuil de l'ami Guy

Ingrédients pour 8-10 personnes :
1 cuissot de chevreuil

Marinade :
2 l de bon vin rouge
5 carottes, 1 oignon, laurier, thym, persil
sel, poivre en grains

Temps de préparation : 3 jours
Temps de cuisson : 20 mn par livre soit plus d'1 h

Sauce venaison (mirepoix-sauce demi-glace-sauce poivrade) :
50 g de graisse d'oie
1 verre d'huile
60 g de farine
1 verre de vinaigre
sel, poivre
2 cuillères à soupe de concentré de tomates
1 cube de concentré de viande
50 g de jambon cru
1 pot de gelée de groseille.

Temps de préparation et de cuisson : 3 h minimum

Faire macérer le cuissot de chevreuil dans la marinade après avoir versé directement sur le cuissot les ingrédients prévus, recouvrir d'un film plastique et mettre dans le fond du réfrigérateur pendant 3 jours.
Égoutter le cuissot et recueillir la marinade en la filtrant. Séparer les légumes pour confectionner la sauce Mirepoix, y ajouter quelques parures de gibier (morceaux découpés sur l'entame du gigot).

Les sauces :

Sauce Mirepoix : faire revenir doucement à la graisse d'oie : les aromates (carottes, oignon, parures de gibier, jambon cru) 7 à 8 mn.

Sauce demi-glace : faire fondre la graisse, mélanger la farine et faire revenir tout doucement jusqu'à obtenir un roux très brun.

Ajouter le concentré de tomates, mouiller avec le cube de concentré de viande dilué dans 1 l d'eau, tourner la sauce jusqu'à ébullition avec un petit fouet.

Laisser cuire très lentement sans remuer, écumer de temps en temps pour enlever les graisses et écumes qui se forment à la cuisson et troublent la préparation.

Cette sauce terminée, la passer dans un chinois et la mettre en réserve pour un usage ultérieur.

Sauce poivrade : faire revenir avec un peu d'huile quelques parures de gibier, ajouter la sauce Mirepoix, verser 1 verre à madère de vinaigre, laisser réduire à fond et mettre cette préparation dans une mousseline ou un sac de gaze stérile. Mouiller avec un 1/2 l de sauce demi-glace et 2 dl de marinade. Laisser mijoter 1 h pour que les parures de gibier aient le temps de donner toute leur saveur à la sauce. Dégraisser et relever fortement.

Sauce venaison : sauce poivrade à laquelle on ajoute hors du feu, après avoir enlevé le sachet de mousseline, une cuillère à soupe de gelée de groseille et 1 dl de crème double.

Faire cuire le cuissot comme un gigot à four préchauffé 7/8 comme indiqué ci-dessus. Le découper, le napper de quelques cuillères de sauce, présenter le plat entouré de barquettes de gelée de groseille et de purée de marrons. Servir la sauce très chaude.

Si les vendanges et les matins de chasse ne sont plus, pour moi, que de lointains souvenirs, mes automnes se peuplent encore de bonheurs qui, je le souhaite, ne sont pas à la veille de se perdre. Ils s'épanouissent en ces matins de septembre ou d'octobre, tout brouillés par la brume, par ces volutes cotonneuses qui n'en finissent pas de déborder des vallons et qu'un maigre et pâle soleil ne peut dissoudre.

Depuis quelques jours les sous-bois ont changé d'odeur. Ce n'est plus le parfum du tan, de l'écorce, de la mousse sèche et des feuilles mortes qui domine, mais celui, un peu fort, acidulé et pénétrant de l'humus en plein travail. Il est vrai que la pluie tant attendue tout l'été est enfin venue, chaude, douce, pénétrante. Grâce à elle, le sol des sous-bois est devenu plus tendre sous les pas, il ne proteste plus en craquetant sous les talons, il chante d'un son mouillé qui rend la marche discrète, souple.

Alors, pour peu que la lune soit favorable — des anciens assurent qu'elle doit être descendante, d'autres qu'elle doit être montante et à peine formée, allez vous y reconnaître ! —, bref, si elle est bonne, et elle l'est toujours pour quelqu'un, le sol a fleuri depuis quelques jours. Il s'est couvert, çà et là, d'une floconneuse moisissure qui tache de gris-blanc l'humus et la mousse au pied des chênes et des châtaigniers ; fleurs de champignons, ébauche de bolets annonçant que les cèpes sont là, en gestation, tout prêts à éclore, à pousser leur tête brune entre les feuilles mortes.

Surtout prendre patience, faire « ses » places, celles qui, tous les ans, portent leur lot de champignons, observer, attendre. Attendre que la température, l'ensoleillement, la petite averse de la nuit activent ce mystérieux « grand œuvre » qui, d'une infime et invisible pluie de semence, tombée à l'endroit idéal, fait jaillir de plantureux bolets d'un coin de bruyère, d'un carré de fougère ou de mousse où nul cèpe n'était décelable quelques heures plus tôt et qui, peut-être, et pour un an de plus, sera vide demain !

Bonheur de la cueillette, mais d'abord de ces départs au petit jour, alors que la nuit assombrit encore les vallées. Il faut se lever tôt pour être le premier sur les places, car elles sont souvent connues, hélas, et pillées ! Alors, aux tard levés les limaces et cette vexation profonde de deviner dans la mousse, au milieu des traces argentées tracées par quelques grosses loches rouges ou grises, les petits cratères laissés par les cèpes envolés !

Bonheur de partir alors que la pénombre voile encore les châtaigneraies, d'avancer sans bruit dans les prairies ruisselantes de rosée et d'où, parfois, détale quelque lapin, retour de bamboche dans les potagers !

Voilà le bois. Il exhale plus que jamais tous ses arômes. Parfums lourds, tenaces et forts des chênes et des châ-

taigniers que teintent parfois, d'une touche de résine, quelques pins sylvestres jadis nés de la pomme de pin d'un écureuil en vadrouille. Senteurs subtiles, fines et ténues des hêtres et des charmes, douceâtres et un peu vaseuses des trembles et des boulots. Odeur de feuilles en fin de vie, déjà un peu racornies et rousses, prêtes à chuter, qui se mêlent aux rares et dernières fleurs que la saison permet encore.

Le jour est maintenant là et le soleil, encore bas sur l'horizon, projette en passant dans les arbres des ombres immenses et froides. On y voit maintenant assez clair pour scruter les sous-bois, pour fouiller les places de l'œil. Uniquement de l'œil, car il ne faut pas détruire la fragile station où s'épanouit le cèpe, brun ou noir, dont on vient d'apercevoir le chapeau, satiné et doux comme une joue d'enfant.

Un seul cèpe ? Non, il est exceptionnel que son frère, voire toute sa famille, ne soit pas là, blotti sous les bruyères, caché sous quelques feuilles ou crânement campé, obèse et plantureux, visible à plusieurs pas, au centre d'un coussin de mousse.

Encore une fois, ne rien brusquer. Observer, scruter et ne poser le pied qu'après s'être assuré que nul bolet ne s'écrasera sous la botte en un horrible bruit de chair qui éclate.

Bonheur de la cueillette, lente, précise, qui demande du doigté pour ne rien briser de ce fragile trophée dont la seule présence, au bout des doigts, donne déjà des envies d'omelette, de sauté au persil, de farci...

Bonheur de suivre, un à un, les coins qui sont les vôtres, que vous connaissez depuis votre enfance et dont vous taisez jalousement l'emplacement !

Chez nous, lorsque d'aventure deux voisins en quête de champignons se croisent, et pour peu qu'ils en aient trouvé l'un et l'autre, le dialogue est toujours succinct, évasif. Et c'est tout juste si ne transpirent pas les regrets que leur donne cette entrevue qu'ils n'ont su éviter ; mais il est vrai qu'on marche avec une telle discrétion qu'il est trop tard pour s'esquiver lorsqu'on se découvre !

« Alors, ça va ?
— Ben oui...
— Ça sort pas trop, hein ?
— Non, pas trop... Ces quelques petits, je les ai trouvés en par là... (et il importe ici d'avoir un ample geste du bras).
— C'est bien comme moi, en par là... » (Un « en par là » qui, chez nous, peut couvrir toute la Corrèze !)

Et c'est avec un regard d'abord chafouin et inquiet qu'ils se séparent, soucieux l'un et l'autre de ne pas trahir leur itinéraire. Et les yeux deviennent rigolards lorsque le voisin s'éloigne vers des places déjà battues, écumées !

C'est là que se révèle le bon chercheur car, outre un flair et une vue de rapace, il doit nettoyer ses places sans y laisser la moindre trace ; malheur à celui qui casse une fougère, qui écrase rageusement l'amanite ou le satan, il signe son passage et incite les concurrents à ne pas s'attarder là et à se hâter vers d'autres sites, ceux qu'on se réserve, justement !

En revanche, quel plaisir de voir le chercheur que vous

venez de croiser traîner, perdre son temps et se décourager en des places déjà visitées et nettoyées par vos soins !

Si le cèpe reste, à mon goût, le roi — à condition toutefois qu'il soit jeune et ferme —, il n'est pas le seul, tant s'en faut, dont la cueillette soit passionnante. Et pas le seul non plus dont la chair soit digne des meilleures tables. Ainsi, beaucoup se régalent d'un plat de coulemelles dont l'odeur, si forte et prenante, déconcerte parfois les palais non avertis.

D'autres, et j'en suis, se délectent d'une omelette aux girolles, aux morilles et, pourquoi pas, à ces modestes, peu engageants mais très fins cryptogames qui ont nom trompettes-de-la-mort ! Ils sont noirs, comme elle, mais là s'arrête le rapprochement !

Il en est encore un autre, beaucoup plus discret et rare, du moins chez nous. Et je ne parle pas de la truffe qui tend à disparaître. Elle ne sera bientôt plus qu'un souvenir, un regret, un parfum oublié. Il est bien entendu que j'évoque ici la vraie truffe, celle du Périgord, il ne me viendrait pas à l'idée de mentionner toutes celles qui veulent l'imiter, aux quatre coins de France, d'Espagne ou d'Italie, et qui ne trompent que les amateurs d'illusions ! Non, je parle de ce champignon que l'on dit « de mars ». Il répond, en fait, au nom de tricholome de la Saint-Georges. Peu engageant d'aspect, d'un blanc douteux, parfois jaunâtre, il est de ceux qui inspirent la prudence. On ne se méfie jamais assez de tous ces blafards un peu louches, certains vous assassinent aussi sûrement qu'un bol d'arsenic ! Mais pas le champignon de mars. Lui, malgré son allure équivoque, c'est un tendre, un gentil. Il est tellement sûr de lui et de son incomparable parfum qui vous saute aux narines que deux ou trois de ses têtes suffisent pour faire la fête. Méticuleusement écrasées à la fourchette, juste saisies à la poêle, elles transforment une banale omelette en un inoubliable régal ! On les trouve au printemps, souvent tapis sous les buissons d'épines noires, quand les premiers coucous commencent à se répondre et que pleurent les giboulées sur la campagne encore figée par l'hiver.

Voilà pourquoi les gourmands, et aussi tous ceux qui aiment les sous-bois frais, les petits matins d'automne, les longues marches en solitaire et la patiente recherche de tous ces champignons n'hésitent pas à se lever avant le jour, à chausser une paire de bottes et à s'enfoncer dans les châtaigneraies et les chênaies qui fleurent si bon au lever du soleil.

Cèpes farcis

Ingrédients pour 6 personnes :

400 g de farce de mes grands-mères
12 beaux cèpes gros mais jeunes
400 g de graisse d'oie

Temps de préparation : 15 à 20 mn
Temps de cuisson : 45 mn

Enlever les queues de cèpes à ras (si elles sont saines les garder et les incorporer hachées à la farce).

Faire suer les cèpes dans la poêle avec de la graisse d'oie, 5 mn de chaque côté, et les égoutter sur un papier absorbant. Les garnir avec la farce.

Faire cuire 45 mn à four chaud (6/7).

Canette aux girolles

Ingrédients pour 4 personnes :

*1 canette d'1 bon kg
1 oignon
thym, persil
sel, poivre
girolles (à volonté)
une pointe d'ail
graisse d'oie*

*Temps de préparation : 15 mn
Temps de cuisson : 1 h 30*

Faire revenir pendant 1/4 d'heure, dans un peu de graisse d'oie, la canette sur toutes ses faces. Ajouter un oignon, le thym, le persil, sel et poivre, et laisser cuire à l'étuvée pendant 1 h.

Faire rissoler les girolles dans la graisse d'oie, rajouter en fin de cuisson une pointe d'ail et du persil.

Découper la canette en quatre, disposer les girolles autour, et servir le tout accompagné d'un gratin de courgettes.

Omelette aux girolles ou omelette aux cèpes

Ingrédients pour 6 personnes :

12 œufs
girolles ou cèpes
un peu de graisse d'oie
persil
sel, poivre

Temps de préparation : 20 mn
Temps de cuisson : 10 à 15 mn

Faire chauffer la graisse dans une poêle et faire rissoler les champignons avec le persil. Pour la quantité de champignons à employer, à chacun de savoir s'il veut une omelette aux champignons ou des champignons en omelette !

Battre les œufs vigoureusement, assaisonner et y incorporer les champignons rissolés.

Verser le mélange dans la poêle bien chaude et surveiller la cuisson en soulevant la préparation afin que l'omelette reste onctueuse et baveuse.

Rouler en fin de cuisson et faire glisser dans un plat chaud.

Omelette aux truffes

Ingrédients pour 6 personnes :

12 œufs
1 truffe (40-50 g)
graisse d'oie
sel, poivre

Temps de préparation : 10 mn + 30 mn de repos
Temps de cuisson : 10 à 15 mn

Couper dans un grand bol la truffe en tout petits morceaux avec un couteau bien aiguisé. S'il s'agit d'une truffe en conserve, rajouter le jus.

Casser les œufs un à un sur la truffe brisée, assaisonner, bien battre et laisser reposer 1/2 h.

Faire chauffer la graisse d'oie dans une poêle, lorsqu'elle est bien chaude verser la préparation et soulever légèrement pour obtenir un mélange moelleux qui se détache souplement.

Rouler en fin de cuisson et faire glisser dans un plat chaud.

Craquelins

Ingrédients pour 6 personnes :

500 g de farine
100 g de beurre
6 œufs
1 pincée de sel
100 g + 50 g de sucre

Temps de préparation : 20 mn et 12 h de repos
Temps de cuisson : 30 mn

Faire une fontaine avec la farine, ajouter les œufs, le beurre fondu, le sel et les 100 g de sucre, mélanger le tout. Laisser reposer une nuit.

Le lendemain étaler la pâte à 1/2 cm d'épaisseur et détailler de petits disques avec un verre.

Les plonger dans de l'eau frémissante, lorsqu'ils remontent à la surface, retourner avec une écumoire et laisser cuire encore 1 à 2 mn.

Retirer de l'eau, plonger dans l'eau froide et bien égoutter sur un torchon. Beurrer une plaque à pâtisserie, saupoudrer de sucre, disposer les craquelins et faire cuire 20 mn à four chaud (7).

Au risque d'étonner les jeunes de la génération fast-food, habitués à la surproduction et aux excédents, il fut un temps, pas si lointain, où rien de ce que produisait une ferme ne se perdait. Tout avait une valeur marchande ou autarcique. Et il eût été mal vu de ne pas ramasser, avant l'hiver, tout ce que le froid risquait de gâter.

Est-il besoin de préciser que les noix faisaient l'objet de tous les soins. On les surveillait de très près, car elles étaient de bon rapport et la richesse de certaines fermes se jugeait au nombre de noyers qu'elles possédaient.

La vente des noix produisait de tels revenus que certains individus, peu scrupuleux et il en sévit partout, n'hésitaient pas à faire des heures supplémentaires, les nuits de pleine lune, dans les noyeraies des voisins ! On disait alors que ces voyous faisaient fortune au clair de lune et leur réputation était définitivement perdue !

Outre les noix qu'il fallait mettre à l'abri du mauvais temps et des pillards de toutes espèces — les corneilles, les geais et les pies en raffolent aussi ! —, le ramassage des pommes et des châtaignes occupait ces journées d'octobre toutes secouées par le vent d'autan ; ce vent qui semble se lever pour aider les arbres à se dépouiller de leurs fruits.

En ces temps, on ramassait les pommes, toutes les pommes cultivées, aucune ne pourrissait sous les arbres. Il est vrai que n'existaient pas encore ces lois imbéciles que nous imposent les sinistres eurocrates, adeptes de la frite surgelée et du poisson pané, et qui contraignent les producteurs au calibrage, aux traitements répétés, au conditionnement, et à tous ces tripatouillages qui rendent les fruits insipides et souvent immangeables.

Pourtant, chez nous, même les petites pommes de pays trouvaient preneurs sur les marchés. Et nous avions alors la chance de posséder des variétés propres à chaque sol, à chaque climat, à l'ensoleillement et à la température de chaque contrée. Elles nous donnaient des fruits qui avaient du goût, du parfum et qui étaient aussi capables, en fonction de leur spécificité, de passer l'hiver dans la cave, sur un lit de paille, et de s'y bonifier.

Tel est, par exemple, l'apanage de notre pomme *Saint-Germain* qui, grâce au ciel, existe toujours. Un chef-d'œuvre de pomme, une merveille ! Oh, elle ne paie pas de mine et n'a pas cette prétentieuse allure de certaines pommes dont Ève elle-même se fût méfiée, elle ne flatte pas un étalage ! Avec sa peau vert-jaune, parfois tachée de larmes brunes, elle déconcerte les chalands habitués aux rutilances, pour ne pas dire à l'imposture, de ces fruits baptisés pommes parce qu'ils en ont l'apparence, mais qui pourraient être poires, bananes, voire pêches, brugnons ou coton hydrophile humide si on leur en donnait l'aspect !

Tandis que notre *Saint-Germain*, quelle classe, quel corps, quelle saveur ! Bien entendu, avec tous ses atouts, elle a des caprices de star, des petites bouderies qui l'incitent, par exemple, à modérer sa production une année sur deux. C'est le genre de coquetterie que détestent les grands producteurs ; ils ont des quotas à tenir, des clients à satisfaire et préfèrent de loin la pléthore au manque, quitte à détruire les excédents !

Jadis, en notre Limousin, on ne gâchait aucune pomme, même les plus acides finissaient dans le pressoir. On en faisait une boisson aussi éloignée du vrai cidre que notre jus de raisin l'était du vin, mais qu'importait, il se trouvait toujours des amateurs pour en vanter les mérites !

Après les noix, les pommes, les dernières pêches de vigne et les poires, venait le temps du ramassage des châtaignes. Elles aussi représentaient alors une richesse qu'il eût criminel de gaspiller. Et il n'était qu'à voir l'état et l'entretien des châtaigneraies pour comprendre la place que tenait chez nous ce fruit.

Je les vois encore ces profondes châtaigneraies, elles croissaient à flanc de coteaux ou dans quelques vallées très froides et peu propices aux cultures. Riches d'arbres plantureux, obèses, dont beaucoup avaient plusieurs siècles, elles apportaient chaque année leur lot de châtaignes.

C'était au temps où chaque propriétaire avait à cœur d'avoir les plus beaux sous-bois, les plus propres, les mieux ratissés. Oui, on ratissait soigneusement sous les arbres. D'abord pour pouvoir y ramasser plus facilement les fruits, ensuite pour faire provision de litière, mélange de feuilles mortes, de brindilles, de bogues sèches qui, dans les étables, remplaçait la paille, trop rare et précieuse pour la mettre sous le pied des bêtes.

Ratissées et parfois même balayées au balai d'épines, propres, nettes, nos châtaigneraies, bien campées sur un épais tapis de mousse, offraient un biotope idéal pour les cèpes, les oronges des Césars, les girolles, et c'était alors presque trop facile de les y trouver ! Mais quelles splendides promenades elles offraient !

Elles sont aujourd'hui impénétrables, mangées de ronces, de broussailles, de genêts et d'ajoncs, l'horreur ! Quand le feu s'y engouffre, et il en raffole, il s'y repaît pendant des heures et achève d'y dévorer les vieux troncs creux de tous ces arbres, morts depuis longtemps, à l'ombre desquels Louis XIV eût pu faire asseoir sa cour. Vaincus par la maladie de l'encre qui les agresse par la racine et les tue, nos énormes châtaigniers ne sont plus que des squelettes, pitoyables comme les ruines d'un château. Nos châtaigneraies se sont éteintes dans l'indifférence générale. On ne mange presque plus de châtaignes, tout au plus quelques farineux marrons grillés, vendus aux coins des rues par quelques camelots, natifs de Ménilmontant, déguisés en bougnats...

On ne mange presque plus de châtaignes, et pourtant...

Châtaignes blanchies

Recette réalisée en autocuiseur.

Ingrédients pour 6 personnes :
1 kg de châtaignes
3 pommes de terre
2 verres d'eau

Ôter la première peau des châtaignes avec un couteau pointu et bien aiguisé.

Faire bouillir de l'eau, mettre les fruits 3 mn à l'eau bouillante et enlever à l'aide d'un couteau la deuxième peau en retirant les châtaignes une à une de l'eau. Cet exercice demande une grande rapidité et une certaine agilité.

On trouve des châtaignes de très bonne qualité et tout épluchées sur tous les marchés du Limousin de fin octobre jusqu'à Noël.

Les châtaignes blanchies sont un excellent légume et accompagnent toutes les viandes blanches.

Leur cuisson en autocuiseur donne les meilleurs résultats. Déposer dans le fond de l'autocuiseur 3 pommes de terre lavées non épluchées, ajouter 2 verres d'eau, mettre le panier. Fermer et faire cuire 10 mn à partir de la rotation de la soupape.

Châtaignes au sirop

Ingrédients pour 6 personnes :

*500 g de châtaignes
(voir la recette des châtaignes blanchies)
300 g de sucre semoule
2 dl d'eau
1 sachet de sucre vanillé
quelques gouttes de vanille liquide*

*Temps de préparation : 10 mn
Temps de cuisson : 30 mn*

Préparer un sirop léger avec l'eau, le sucre, la vanille. Y poser délicatement les châtaignes blanchies, les laisser cuire 30 mn à feux doux.
Verser dans un compotier tant que le mélange est encore chaud.
Ce dessert se garde plusieurs jours.

Chaussons aux pommes

Ingrédients pour 6 personnes :

*250 g de pâte feuilletée
compote de pommes
1 jaune d'œuf*

*Temps de préparation : 15 mn
Temps de cuisson : 35 mn*

Acheter la pâte feuilletée toute prête ou la préparer selon la recette p. 118-119.
Abaisser la pâte à 1/2 cm. Découper des rondelles de 15 cm de diamètre à l'emporte-pièce.
Mettre un peu de compote sur chaque rondelle. Mouiller les bords avec un peu d'eau. Plier chaque rondelle en deux, appuyer sur les bords pour les coller et dorer le dessus au jaune d'œuf. Faire cuire 45 mn à four chaud (7).

Glace à la vanille à la liqueur de noix

Nos grands-mères fabriquaient jadis une liqueur digestive à base de noix vertes et d'alcool. Cette liqueur, réalisée aujourd'hui par plusieurs liquoristes dans le Sud-Ouest, dont une maison briviste bien nommée et renommée, fera d'une simple glace à la vanille un dessert subtil et original.

Préparer des boules de glace dans des coupes. Napper de liqueur, ajouter quelques cerneaux de noix et servir aussitôt.

Gâteau aux noix

Ingrédients pour au moins 6 personnes :

200 g de farine
100 g de sucre en poudre
100 g de beurre
3 œufs
1/2 sachet de levure sèche
1 pincée de sel
200 g de cerneaux de noix
1 sachet de sucre vanillé

Temps de préparation : 20 mn
Temps de cuisson : 45 mn

Mettre dans un récipient le beurre fondu, le sucre et les œufs entiers. Bien remuer et ajouter la farine, la levure et le sel. Broyer les cerneaux de noix et les incorporer au mélange.

Verser dans un moule à manqué huilé et fariné, et faire cuire au four 5/6 pendant 45 mn. Laisser refroidir sur une grille et déguster froid.

Puisque, à mon goût, l'année finit en automne, on se doute que je n'attends pas le 1er janvier pour commencer l'an neuf.

Morte avec la fuite hâtive des derniers migrateurs, l'année commence pour moi lorsque se fiche en terre le soc de la charrue. Tout recommence alors, tout revit. Et pourtant, rien ne se voit que ces longs et désolés rubans de terre nue, luisante, humide où sautillent les corneilles. Rien ne se voit que ces champs bruns, si désespérément vides.

Qu'importe, tels qu'ils sont, ils détiennent la vie et déjà s'accumule en eux et frémit toute cette phénoménale force, toute cette sève que vient de réveiller en les retournant l'oreille argentée de la charrue. Bientôt, dans quelques heures, les grains pleuvront sur les labours, drus, gonflés de vie, prêts à germer, et tout renaîtra.

J'ai connu, dans les années 50, les labours que nous faisions au pas des bœufs. La fatigue me pesait vite dans les jambes, et surtout dans les bras. Le brabant était lourd, son maintien dans la raie souvent difficile, et difficile aussi son retournement en bout de champ où, docile, manœuvrait l'attelage au son de la voix.

Il me souvient de cette fatigue qui m'engourdissait et me faisait d'autant plus apprécier la lenteur des bœufs, car si en plus il avait fallu marcher plus vite ! La fatigue donc, mais surtout, même après tant d'années de recul, le souvenir du bonheur ressenti en voyant s'ouvrir et se lover, puis se retourner le ruban de terre — moucheté de fumier fraîchement étalé — découpé par le coutre.

Plaisir de l'œil qui apprécie le travail bien fait et s'en

repaît, mais aussi plaisir de l'oreille car il est une musique du labour qui réjouit ; changeante en fonction du terrain, de sa souplesse, de sa texture et de son humidité, elle ponctuait le labeur de sa mélopée sans cesse renouvelée, surprenante.

Il m'est toujours un bonheur — trop rare maintenant — d'ancrer un brabant et de commencer un labour. Un réel et profond bonheur auquel manque cependant la complainte de la terre qui s'ouvre en chantant. On ne peut plus, l'entendre, ou si peu, étouffée qu'elle est par le bruit du tracteur.

Que nul ne voie dans ma remarque une quelconque nostalgie ; loin de moi l'idée de regretter le temps de la traction animale. J'ai galopé mon aise derrière les bœufs puis, un peu plus tard, au cul des chevaux ! Je le dis tout net, au vieux brabant brinquebalant, crissant et à son attelage, je préfère un trisoc tiré par un diesel. Le plaisir du labour est toujours aussi fort, prenant, jamais érodé. Simplement en est absente cette petite musique qui accompagnait jadis le pas des bœufs, et que j'aimais.

Mais j'aimais aussi, retour de labour, certains plats mijotés au coin de la cheminée. Ils avaient un fumet qu'on ne retrouve plus, celui du feu de bois, lourd d'un parfum inégalable.

Cela ne veut pas dire que je n'apprécie pas les plats actuels mitonnés sur une plaque électrique ; ils sont autres, voilà tout.

Potage aux légumes

Ingrédients pour 6 personnes :

*2 poireaux
5 pommes de terre
5 carottes
1 oignon, 1 gousse d'ail
fromage râpé
pain de seigle un peu rassis*

*Temps de préparation : 10 mn
Temps de cuisson : 40 mn*

Préparer les légumes : les éplucher et les couper en petits dés. Les mettre dans 2 l d'eau froide salée et poivrée. Porter à ébullition et laisser cuire 40 mn.

Servir dans des bols individuels, nature, avec du fromage râpé ou encore avec de fines tranches de pain de seigle.

Blanquette de veau

Ingrédients pour 6 personnes :

*1 kg de flanchet de veau
(veau de lait du Limousin de préférence)
30 g de beurre
1 cuillère de farine
1 oignon, 1 clou de girofle
thym, laurier, 1 gousse d'ail
1 citron
1 cuillère à soupe de crème fraîche
sel, poivre*

*Temps de préparation : 15 mn
Temps de cuisson : 2 h (30 mn en autocuiseur)*

Mettre la viande à l'eau froide salée avec l'oignon piqué d'un clou de girofle, le thym, le laurier, une gousse d'ail et le poivre. Porter à ébullition, couvrir et laisser cuire 1 h à 1 h 30. Retirer la viande et, dans un autre récipient, laisser tiédir l'eau de cuisson (court-bouillon).

Dans la cocotte faire fondre le beurre et faire un roux avec la farine et 1/2 l de court-bouillon, laisser cuire à feu doux. Si la sauce est trop épaisse, lorsqu'elle bout rajouter un peu de court-bouillon. Maintenir la cuisson pendant 10 mn, ajouter les morceaux de viande et laisser mijoter sans bouillir.

Au moment de servir ajouter 1 cuillère de crème fraîche et le jus d'un citron. Accompagner de pommes de terre vapeur.

Bœuf mode

Ingrédients pour 6 personnes :

1 kg de bœuf à braiser
1 tranche de lard fumé
2 oignons
6 carottes
sel, poivre
1 verre d'eau
graisse d'oie

Temps de préparation : 15 mn
Temps de cuisson : 3 h (1 h en autocuiseur)

Faire revenir dans la graisse d'oie le lard fumé et le bœuf sur toutes les faces. Ajouter les carottes et les oignons coupés en rondelles.

Mouiller avec un verre d'eau, assaisonner et couvrir. Laisser mijoter à feu doux pendant 3 h.

Pommes de terre farcies en cocotte

Ingrédients pour 6 personnes :

*6 belles pommes de terre
100 g de lard fumé
50 g de graisse d'oie
300 g de chair à saucisse
1 gousse d'ail, 2 échalotes
persil, fines herbes
sel, poivre*

*Temps de préparation : 20 mn
Temps de cuisson : 1 h 30*

Éplucher les pommes de terre, les creuser pour y mettre la farce, saler, poivrer.

Mélanger la chair, l'ail et les échalotes hachés, le persil et les fines herbes. Remplir les pommes de terre avec la farce obtenue.

Faire fondre la graisse dans une cocotte en fonte et faire revenir le lard coupé en petits dés. Déposer les pommes de terre, couvrir et laisser cuire à petit feu pendant 1 h 30.

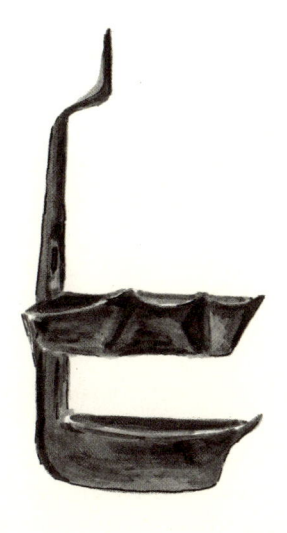

L'Hiver en Limousin

La table est le seul endroit où l'on ne s'ennuie jamais pendant la première heure.
    Brillat-Savarin, *Physiologie du goût.*

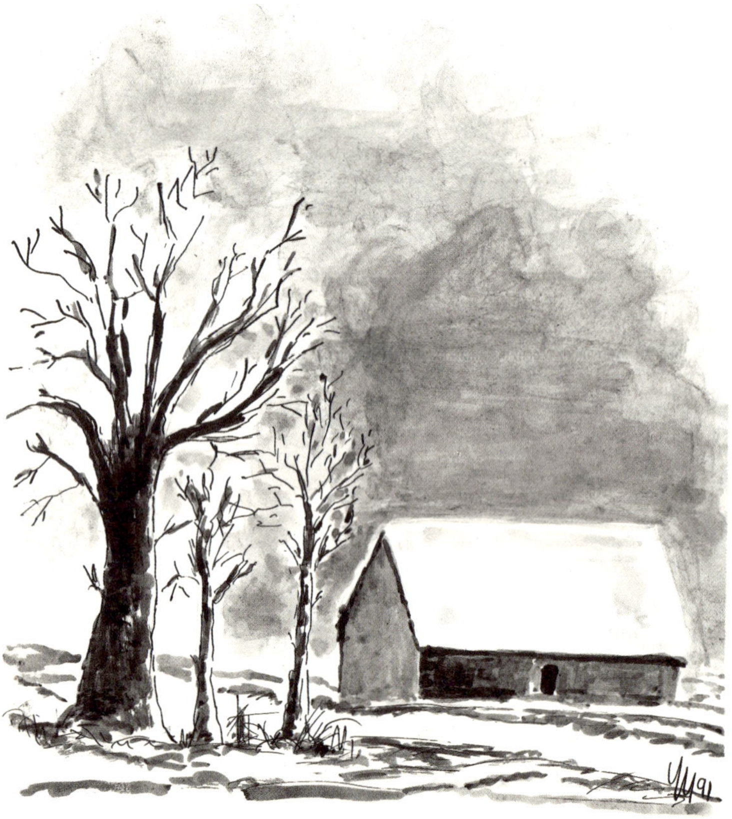

Cette fois, l'hiver est bien là, et peu importe qu'il soit en avance sur sa date de naissance officielle.

Ce n'est pas tant le froid qui l'a d'abord annoncé, mais la longueur des nuits. Déjà, depuis la fin novembre, surtout quand le ciel est bas et que le brouillard s'accroche, les après-midi s'essoufflent dès seize heures. Une heure plus tard, ils sont morts ; alors l'hiver marque le premier point et s'installe, en sournois. Car c'est souvent petit à petit et alors qu'on sort à peine de l'été de la Saint-Martin — il est splendide en Limousin — que le froid s'insinue. D'abord drapé de brume, c'est nuit après nuit qu'il resserre son étau, qu'il s'affirme. Et plus les nuits s'allongent, plus le froid assure son emprise.

Un matin, tout est blanc, pas de neige, ce serait trop simple, mais d'une gelée coupante comme du verre, et la glace est épaisse sur les mares et dans les fossés.

Vers midi, surtout si le soleil tente une sortie, les bois vont ruisseler d'une ultime pluie de feuilles mortes. C'étaient les dernières qui s'agrippaient encore, en un semblant de vie qui ne trompait personne ; elles étaient rousses et sèches depuis longtemps. Maintenant, tout est nu, pétrifié, et, dans les jardins potagers dépouillés, les rouges-gorges qui ne comprennent pas encore cherchent, en vain, parmi les plates-bandes, les vermisseaux disparus.

L'hiver est là.

Il fut un temps, bien proche encore, où la télévision n'existait pas dans nos campagnes. Et personne n'envisageait même qu'elle pût un jour entrer dans la majorité des foyers.

Aussi devait-on, dès l'hiver, meubler ses soirées autrement qu'en se glissant au lit sitôt la soupe avalée, c'est-à-dire à vingt heures trente ! C'était chose facile, et agréable, grâce aux veillées.

Il me souvient... C'était en hiver 1956, un assassin celui-là, un tueur. Doux et même sympathique jusqu'à la fin janvier, il fut soudain pris d'une hargne sibérienne qui transforma tout notre Limousin en toundra. Et le vent d'est, pétrifiant, semblait tout droit venu des monts Poutorana !

Malgré cela, et les quelque moins 20° qui paralysaient tout, je garde un extraordinaire souvenir des veillées d'alors. J'en avais connu avant, j'en ai vécu ensuite, mais celles-ci restent les plus précises dans ma mémoire, les plus animées, les plus sympathiques. Il est vrai qu'après une marche nocturne et frigorifiante le feu de cheminée (il pétillait, craquetait et dansait avec une allégresse réjouissante) devenait une magnifique récompense. Vrai aussi que le cantou, et la situation privilégiée qu'il procure — il vous met les jambes et le ventre au chaud devant les flammes et le dos à tiédir contre les pierres ! —, était un havre d'autant plus agréable et quiet que le vent redoublait dehors et que le froid s'insinuait sous les portes.

J'ai beaucoup appris, car beaucoup écouté, au cours de ces veillées de jadis. Et je dois beaucoup à Edmond, à Alfred et aux trois Louis, mes voisins d'alors, aujourd'hui tous disparus.

Grâce à eux, à leur verve, j'ai engrangé leurs souvenirs, c'était une irremplaçable moisson, un trésor de mémoire. A eux tous, ils étaient le savoir du pays, son langage, ses traditions, ses coutumes, sa vie. Drôles, pleins de malice, parfois un brin salaces — mais en baissant le ton pour que les femmes n'entendent pas tout —, ils n'avaient pas leur pareil pour animer une soirée, pour transformer une anecdote en épopée, une banalité en chanson de geste, grâce à moult détails plus savoureux les uns que les autres.

Veillées de jadis qui n'étaient pas toujours de bavardages. En fait, ceux-ci n'étaient là que pour meubler le travail qui, parfois, prenait le pas sur la belote ou la manille. Travail varié qui allait de l'épluchage des châtaignes à l'égrenage du maïs ou, selon les régions, à la mise en manoques du tabac.

Chez nous, sur les collines du pays du Brive, le sol est trop maigre pour avoir jamais eu l'insigne honneur d'accueillir du tabac — sauf quelques pieds en contrebande pendant la guerre ! Mais il est des régions du Limousin qui en furent et en sont toujours bonnes productrices. Aussi, à la veillée, les voisins se réunissaient pour préparer les feuilles de tabac à la livraison. Classées, triées, choisies, elles devaient être assemblées par paquets de vingt-cinq feuilles, des manoques.

Sur nos coteaux brivistes, point de tabac pour occuper les veillées. Mais des châtaignes, des kilos de châtaignes à éplucher. Des fruits qui, une fois blanchis à l'eau bouillante et nettoyés de leur deuxième peau, puis cuits à la vapeur, faisaient un repas qui tenait au corps. Et d'autant plus que les châtaignes se mangeaient avec un accompagnement de pommes de terre en robe des champs, de quelques navets, le tout poussé par un grand bol de lait riche de toute sa crème. Je n'irai pas jusqu'à prétendre que c'était d'une grande légèreté et très bon pour la ligne !

Outre les châtaignes, il arrivait souvent que l'on égrène à la main le maïs indispensable au gavage des oies. C'était fastidieux, aussi était-il toujours plaisant de partager cette tâche avec quelques bons conteurs.

Vers onze heures, quelle que soit l'occupation de la soirée (le travail ou les cartes), la maîtresse de maison avait à cœur de servir un savoureux médianoche. Pas de cuisine —

quoique j'aie souvenir de quelques onctueuses omelettes au lard ! —, mais des rillettes, du jambon, du pâté de tête, des grillons, du boudin parfois. Alors claquaient les couteaux et tombaient au milieu de la table les larges tranches de pain. Et le vin remplissait les verres et faisait claquer les langues. Vin qui, en fin de soirée, et avant d'affronter le froid sur le chemin du retour, était servi bouillant, dans de grands bols tout débordants d'une écume rouge et parfumée.

Veillées de jadis, pleines de franches rigolades et d'histoires cent fois entendues mais toujours neuves, de grands coups de poing sur la toile cirée qui ponctuaient les : « Atout, ratatout, dix de der et t'es capot mon pote ! »

Veillées pleines de froid et de bise, de neige gelée sur le chemin de pierre et qui couine sous les pieds, que l'on tape pour les réchauffer. Veillées aux ciels si immensément gelés, mais si purs et resplendissants que les étoiles, éblouissantes comme des gouttes d'eau au soleil, y paraissent pourtant figées, pétrifiées dans le gel noir qui les enchâsse.

Souvenirs de ces retours à la maison, sous une voûte de glace, dans un froid craquant où résonnent parfois, montant des vallées et se déplaçant dans les ténèbres, de terrifiants cris de femme que l'on force, ou que l'on égorge ! Et de savoir que ces hurlements paralysants sont ceux d'une hulotte fallacieuse n'empêche pas le petit frisson qui vous traverse un instant. Et le glapissement hargneux des renards en chasse surprend, lui aussi. Comme surprend et fait sursauter le soyeux mais soudain envol d'une chevêche quittant son piquet à votre approche.

Veillées d'antan, aujourd'hui souvenirs. Elles ont disparu un soir, assassinées par le tintamarre assommant de quelques émissions de variétés que beuglait le poste de télévision tout neuf.

Depuis, le feu lui aussi est éteint, le cantou reste froid et on ne casse plus la croûte, le soir, vers onze heures...

Vin chaud

Ingrédients pour 6 personnes :

1 bouteille de vin rouge
250 g de sucre
cannelle
1 citron

Faire chauffer le vin dans une casserole avec le sucre et la cannelle.
Lorsque le vin commence à bouillir, le retirer du feu et servir en ajoutant une rondelle de citron à chaque verre.

Tourtous corréziens

Ingrédients pour environ 30 tourtous :

500 g de farine de sarrasin (blé noir)
300 g de farine de froment (type 55)
1 sachet de levure de boulanger (42 g)
2 cuillères à soupe d'huile
1 1/2 l d'eau environ
sel

Temps de préparation : 30 mn + 2 h de repos
Temps de cuisson d'un tourtou : quelques minutes

Mélanger les deux farines et faire un puits.
Verser l'huile, le sel, la levure fondue dans un peu d'eau tiède et remuer. Rajouter l'eau afin d'obtenir la consistance d'une pâte à crêpes.
La pâte va fermenter et lever en faisant des bulles, il faut donc prévoir un récipient assez grand.
Pour la cuisson des tourtous, à défaut de la plaque à tourtous, une crêpière est parfaite. Badigeonner avec un morceau de lard et pratiquer comme pour les crêpes.
Les tourtous accompagnent très bien toutes les viandes à base de sauce au vin (civet de lièvre, par exemple), on peut également les utiliser en hors-d'œuvre avec des rillettes (voir recette ci-dessous) ou bien encore avec du fromage

genre bleu d'Auvergne ou cantal, ou même avec de la confiture.

Les tourtous peuvent également se confectionner sans farine de froment, ils sont alors plus acides.

Tourtous aux rillettes

Ingrédients pour 6 personnes :

12 tourtous
300 g de rillettes d'oie ou de porc

Présenter les tourtous non pliés sur une assiette avec les rillettes en bloc sur une autre assiette. Laisser les convives les garnir à leur goût.

Pâté campagnard

Ingrédients :

500 g de foie de porc
500 g de chair à pâté très grasse
2 bardes de lard
2 œufs
1 poignée de mie de pain trempée dans du lait
sel, poivre
quatre-épices, persil
quelques feuilles de laurier sauce

Temps de préparation : 45 mn
Temps de cuisson : 1 bonne heure

Passer le foie à la moulinette à viande (ou au mixer).
Mélanger la mie de pain avec les œufs et le persil haché.
Ajouter la chair à pâté, le foie mouliné et bien malaxer le tout.
Remplir aux trois quarts des terrines en terre ou porcelaine à feu, tapissées de lard. Couvrir et faire cuire à four 5/6 1 bonne heure.

Brochet

Ingrédients pour 8 à 10 personnes :
1 brochet ou 1/2 brochet de 2 ou 3 kg

Court-bouillon :
1 l de vin blanc sec
1/2 l d'eau
1 carotte, 1 bouquet garni
(laurier, thym, persil)
sel, poivre, 1 oignon

Sauce :
5 échalotes
1 branche de persil
1 dl de vinaigre blanc
100 g de beurre
1 œuf
2 cuillères à soupe de crème fraîche
1 jus de citron
sel, poivre

Temps de préparation : 30 mn
Temps de cuisson : court-bouillon,
sauce et brochet 2 h

Verser les divers ingrédients pour le court-bouillon dans la poissonnière et porter ce mélange à ébullition un bon quart d'heure.

Laisser tiédir, y plonger le brochet et porter à ébullition, lorsque le liquide frémit maintenir à feu doux 20 mn. Ne retirer le brochet du court-bouillon qu'au moment de servir.

Sauce à l'échalote et au beurre : mixer les échalotes avec le vinaigre et le persil, faire réduire à feu doux 10 mn, ajouter le beurre petit à petit, lier avec 1 œuf, 2 cuillères de crème fraîche, le jus d'1 citron. Ne surtout pas refaire bouillir la sauce, la maintenir chaude au bain-marie.

Servir le brochet et la sauce tièdes.

Ragoût de mouton

Ingrédients pour 6 personnes :

600 g de collier
600 g d'épaule d'agneau (découpée par le boucher)
1 cuillère de farine
1 gousse d'ail, 1 bouquet garni
sel, 1 cuillère à café de grains de poivre
1 cuillère à soupe de graisse d'oie

Temps de préparation : 30 mn
Temps de cuisson : 1 h 30

Faire chauffer la graisse d'oie dans une cocotte, y déposer les morceaux et les faire revenir.
Saupoudrer de farine, mouiller avec de l'eau chaude.
Rajouter le bouquet garni, le sel, le poivre et la gousse d'ail. Compléter avec de l'eau froide pour recouvrir la viande.
Laisser mijoter 1 h 30 à couvert et à feu très doux.
Servir avec des pommes de terre vapeur, des carottes ou des haricots blancs.

Millassou aux pommes

Il se cuisine toujours en grande quantité.

Ingrédients :

500 g de farine de maïs
125 g de sucre
1 pincée de sel
1/2 l de lait, 3 œufs
500 g de pommes reinettes grises
1 verre à liqueur d'eau-de-vie

Temps de préparation : 45 mn
Temps de cuisson : 1 h

Faire fondre le sucre dans le lait. Verser le lait bouillant sur la farine et bien remuer. Ajouter les œufs un par un et l'eau-de-vie.

Éplucher les pommes, les couper en fines lamelles et les incorporer à la pâte.

Verser dans un grand moule à manqué huilé et faire cuire 1 h à four 5. Ce gâteau se mange tiède.

Confiture de pastèque
ou confiture de cheveux d'ange

Ingrédients :
1 melon pastèque et par kg de chair
1 orange non traitée
1/2 citron non traité
750 g de sucre et poids en sucre de l'orange et du citron
1 gousse de vanille
1 pincée de cannelle

Temps de préparation : 1 h + 12 h de macération
Temps de cuisson : 3 h

Enlever l'écorce et les pépins de pastèque sans perdre de chair et la découper en fines lamelles. Faire macérer pendant une nuit avec le sucre, la vanille et la cannelle.

Faire cuire 2 h, peser et rajouter orange, citron et leur poids égal de sucre.

Poursuivre la cuisson 1 h de plus.

Mettre en pot.

Pâte à crêpes

Ingrédients pour 6 crêpes :
125 g de farine
2 œufs
1 verre de lait
1 cuillère à soupe d'huile
1 pincée de sel
eau-de-vie (selon les goûts)
1 pincée de sel

Temps de préparation : 10 mn
Temps de cuisson : 2-3 mn par crêpe

Délayer soigneusement la farine, le sel et les œufs. Ajouter progressivement le lait, l'huile et l'alcool.
Laisser reposer 1 h.
Ces crêpes se mangent nature ou bien garnies de sucre ou de confiture.

Si l'hiver est une période de repos pour la nature, il ne faut pas en déduire hâtivement que les agriculteurs en profitent pour se tourner les pouces. Ce serait trop beau ! Certes, les techniques et le machinisme modernes leur laissent un peu plus de temps libre, mais pas au point de faire la grasse matinée, surtout les éleveurs !

Voici trente ou quarante ans, la notion de repos hivernal n'était pas concevable. Outre les soins aux bêtes, l'arrachage des topinambours (en effet, non content d'être un « légume » infect, quoi qu'en disent certains qui n'en ont sans doute pas assez mangé pendant la dernière guerre, ce tubercule, réservé à la consommation animale, se ramasse en hiver, quand la terre n'est pas trop durcie par le gel), la réparation des clôtures, du matériel, voire même des bâtiments, s'imposait l'abattage du bois.

Il n'était alors pas question de chauffage au fuel ou au charbon, seuls les arbres de la ferme subvenaient aux besoins de la maison. Et ils n'étaient pas minimes car, outre l'entretien de la cuisinière et de la vaste cheminée — certaines maisons « riches » en possédaient deux ou trois autres plus petites —, il fallait aussi une bonne provision de bûches pour activer l'énorme chaudière dans laquelle mijotait l'alimentation des porcs ; nous évoquerons l'existence oisive et quiète de ces drilles un peu plus loin.

Aussi, décembre débutait à peine qu'il fallait s'attaquer au bois et s'y tenir pendant plusieurs semaines.

Il me souvient de ces petits matins d'hiver où l'air est si sec et glacé qu'il brûle un peu la gorge et oppresse. Au levant, un gros soleil, rouge et froid, semble avoir peine à s'élever de l'horizon. On le sent frileux, transi, pas du tout

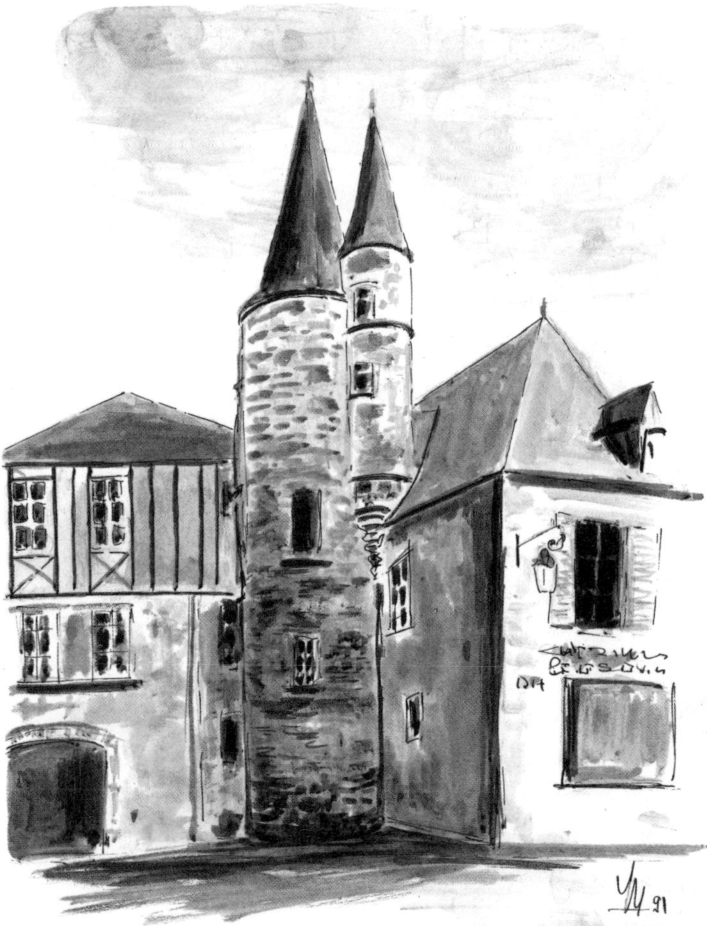

disposé à chauffer. Pourtant, le givre saigne sous ses rayons, il rougit, mais ne fond pas pour autant. La journée sera belle mais glaciale.

Avec Louis, notre voisin, nous partions au bois vers neuf heures. Réchauffés et chargés de calories grâce à la gourmande ingestion d'un plantureux casse-croûte, riche en graisses animales, nous ne sentions pas trop le froid. D'ailleurs, l'outillage dont nous disposions à l'époque était apte à nous réchauffer dès le travail commencé.

En ces temps, les redoutables, bruyantes, mais très efficaces tronçonneuses dont nous disposons maintenant n'existaient pas chez nous. Et si quelques voisins, anciens prisonniers de guerre en Allemagne, assuraient s'être servis là-bas de scies à moteur qui abattaient un chêne centenaire en quelques minutes, l'engin en question restait pour nous dans le domaine du mythe.

Nous, en Limousin, nous disposions, en tout et pour tout, d'une solide cognée pour l'entame du tronc, d'un passe-partout d'un mètre cinquante dont le va-et-vient, assuré par deux hommes, venait à bout des plus énormes châtaigniers, d'une masse et de trois coins d'acier pour élargir le passage de la scie et éviter son coincement, d'une hachette pour l'élagage et, enfin, de beaucoup de patience, de force et de courage pour venir à bout des arbres à abattre, à tronçonner, à fendre, à empiler ; sans oublier la confection des fagots !

A genoux dans les feuilles glacées — il n'est pas d'autre position pour se servir efficacement d'un passe-partout —, nous avions tôt fait de nous réchauffer !

Lentement, au son lancinant et geignard des dents mordant le bois, la large lame de la scie pénétrait au cœur de l'arbre, s'insinuait, tranchait des fibres élaborées plusieurs siècles plus tôt. Et la sciure, humide et attiédie par le frottement de l'acier, dégageait une forte odeur de vieux bois, lourd de tan, de sève épaisse, toute chargée d'étranges effluves puisés dans le tréfonds du sol.

Venait enfin l'instant où l'arbre, à moitié assassiné, protestait de tout son poids, s'opposait aux crocs qui le déchiquetaient. Abandonnant le passe-partout dans son passage, nous soufflions un peu ; déjà et depuis longtemps, nous avions mis bas la veste et le froid ne nous gênait plus.

Le premier coin, glissé dans la plaie ouverte, semblait souvent peu efficace, mais les grands coups de masse qui l'insinuaient au cœur de l'arbre résonnaient quand même d'un son lugubre, un glas caverneux. Au deuxième coin, poussé plus loin, l'arbre craquait, gémissait, et je n'ai jamais su si c'était dans mon imagination ou réellement que je le sentais trembler sous ma main ; peu importe, j'ai encore, au bout des doigts, le souvenir de ces frémissements d'un arbre à l'agonie.

Le passage de la lame enfin dégagé, nous reprenions notre lent travail d'abatteurs. Bientôt le chant de la scie changeait d'octave, devenait plus sonore, plus nerveux, triomphant presque.

Comme encouragés, sans même nous concerter, Louis et moi accélérions le rythme, et la lame semblait voler dans ce fin sillon qui s'ouvrait de plus en plus vite, en plein cœur du vaincu.

Un troisième coin, bientôt glissé dans la béance, déclenchait des craquements sinistres, graves, l'arbre geignait. Encore quelques coups de scie, vite, plus vite, mais surtout sans perdre de vue la masse énorme qui vacille maintenant, qui hésite, frémit et bascule soudain dans une grande plainte de branches brisées que ponctue le dernier souffle, sourd et puissant, du tronc frappant le sol gelé. Et, au-dessus de nos têtes, à la place de la majestueuse couronne de branches, un grand morceau de ciel, ouvert dans la futaie voisine, étonne par sa taille. Qui aurait cru que le gisant occupait, debout, tant de place ?

Maintenant il repose, immense, et ses énormes branches mères fichées en terre ressemblent à de gros doigts noueux, agrippés dans le sol comme pour s'y retenir et y reprendre vie.

Velouté de citrouille

Ingrédients pour 6 personnes :

2 oignons
2 pommes de terre
2 carottes
1 tranche de citrouille
1 gousse d'ail
sel, poivre
crème fraîche

Temps de préparation : 10 mn
Temps de cuisson : 20 mn

Éplucher tous les légumes et les mettre à cuire dans 2 l d'eau bouillante salée et poivrée pendant 20 mn.
Mixer et rajouter 1 ou 2 cuillères de crème fraîche.

Vol-au-vent

Ingrédients pour 6 personnes :

1 pâte feuilletée de 300 g
1 ris de veau

Pour la sauce poulette :
40 g de beurre
1 cuillère de farine
1/4 l d'eau ou de bouillon
1 citron
1 œuf

Temps de préparation : 60 mn
Temps de cuisson : 60 mn

Préparer une pâte feuilletée, la rouler et lui donner 2 cm d'épaisseur. Avec un moule découper dans la pâte des galettes de 8 cm de diamètre. Puis à 2 cm du bord faire une incision au couteau de 1 cm de profondeur. Cette découpe donnera après cuisson le couvercle. Dorer à l'œuf et mettre à four moyen (5) 45 mn. En fin de cuisson, sortir du four, détacher les couvercles et creuser l'intérieur. Les réserver sur un plat.

Pendant la cuisson de la pâte, faire dégorger le ris de veau pendant 20 mn à l'eau froide. Le mettre dans une casserole, le couvrir d'eau froide et porter à ébullition. Le laisser cuire 5 mn, et faire rafraîchir à l'eau froide.

Mettre sous presse pendant 20 mn et découper en petits dés. Faire une sauce poulette (voir recette p. 70) et y ajouter le ris de veau.

Remplir les vol-au-vent avec cette préparation, remettre le couvercle et servir très chaud.

Poitrine de veau farcie

Ingrédients pour 6 personnes :

1 kg de poitrine de veau avec poche
1 couenne
300 g de farce de mes grands-mères (voir recette p. 115)
sel, poivre
de la graisse d'oie

Temps de préparation : 30 mn
Temps de cuisson : 3 h

Demander au boucher de préparer la poitrine avec une poche. Remplir celle-ci avec la farce et la coudre à la ficelle de cuisine.

Mettre la graisse dans une cocotte et bien faire revenir la poitrine. Ajouter la couenne et recouvrir à moitié d'eau. Laisser mijoter à couvert pendant 3 h minimum.

Sortir la poitrine, la découper en tranches et la servir aussitôt avec le jus de la cuisson.

Servir accompagnée de purée de pommes de terre ou avec des épinards.

Poule farcie

Ingrédients pour 8 personnes :
1 poule de 2 kg
300 g de chair à saucisse
1 poignée de mie de pain ramollie
avec 2 cuillères à soupe de lait
1 œuf
1 gousse d'ail
1 échalote
persil
4 poireaux
500 g de carottes
2 navets
sel, poivre

Pour la sauce poulette :
40 g de beurre
1 œuf
1 cuillère à soupe de farine
le jus d'1 citron
crème fraîche

Temps de préparation : 20 mn
Temps de cuisson : 3 h

Mélanger soigneusement la chair, la mie de pain, l'œuf, l'ail, l'échalote et le persil hachés, le sel et le poivre. Farcir la poule avec cette préparation et la ficeler.

Mettre la poule dans 4 l d'eau salée froide, porter à ébullition, couvrir et laisser cuire 2 h.

Ajouter les légumes et laisser cuire 1 h de plus. Dresser sur un plat et réserver au chaud.

Préparer une sauce poulette : dans une casserole confectionner un roux blanc avec le beurre et la farine, mouiller avec le bouillon de la poule (1/4 l), laisser cuire quelques minutes et lier hors du feu avec le jaune d'œuf et le jus de citron. Rajouter la crème fraîche (1 ou 2 cuillères à soupe).

Découper la poule et la farce, la recomposer dans un plat sur quelques légumes, mettre les autres séparément et servir le tout avec la sauce dans une saucière.

Accompagner avec un riz cuit dans le bouillon de la poule.

Chou à la gadoille

Ingrédients pour 6 personnes :

1 chou
1 verre de bouillon
1 petit bouquet de persil
1 gousse d'ail
1 cuillère à soupe de farine
sel, poivre
huile

Temps de préparation : 10 mn
Temps de cuisson : 40 mn

Laver le chou et le faire blanchir quelques minutes à l'eau bouillante. L'égoutter et le remettre à cuire 30 mn dans une grande quantité d'eau bouillante salée.

A la fin de la cuisson, l'égoutter à nouveau et le découper en morceaux. Faire chauffer l'huile dans une cocotte, y faire revenir le chou, saupoudrer de farine, saler, poivrer, verser le bouillon et rajouter la persillade (ail et persil finement hachés). Laisser mijoter une dizaine de minutes sans couvrir.

Ce plat accompagne des saucisses ou des côtes de porc.

Morue à la persillade

Elle se faisait jadis en Limousin les vendredis et jours maigres.

Ingrédients pour 6 personnes :

750 g de morue
quelques grains de poivre
laurier, 1 oignon, 1 clou de girofle
persil haché
le jus d'1 citron
75 g de beurre

Temps de préparation : 30 mn + 12 h
au minimum de dessalage de la morue
Temps de cuisson : 15 mn

Faire dessaler la morue 12 à 24 h dans l'eau froide.

Changer l'eau et faire blanchir la morue : la couvrir d'eau froide, ajouter quelques grains de poivre, du laurier, l'oignon piqué d'un clou de girofle et du citron à volonté.

Quand l'eau commence à frémir, supprimer la source de chaleur (la morue ne doit jamais bouillir) et attendre 10 à 15 mn avant de l'égoutter.

Dresser la morue blanchie avec des pommes de terre bouillies, arroser avec le beurre fondu, le jus de citron et ajouter le persil haché.

Si je me souviens de ces journées d'hiver passées au bois et à ce formidable appétit que nous donnait le maniement de la masse et de la cognée, j'ai aussi en mémoire certains lointains Noëls.

L'un d'eux surtout est à jamais gravé en moi. Je n'étais pourtant pas bien vieux en ce Noël 1943, mais il est des faits qui imposent leur indélébile marque. D'abord, une fois n'est pas coutume, la neige était au rendez-vous et sa couche, épaisse à souhait, faisait le bonheur des enfants. Mais, contrairement à la légende affirmant que la neige adoucit la température, il faisait un froid épouvantable. Je m'en souviens d'autant mieux que nous étions plutôt mal nourris, donc plus sensibles au froid, en témoignaient les engelures qui nous martyrisaient les doigts.

C'est donc habillés comme des Esquimaux que nous

prîmes le chemin qui serpentait vers l'église. Quatre kilomètres à pied à travers la campagne, à la lueur des lampes à pétrole, suivis de trois messes — je rappelle, pour mémoire, que c'était obligatoire et terriblement long! — sur lesquelles viennent s'ajouter les quatre kilomètres du retour laissent des souvenirs qui ne s'oublient pas. Pas plus que ne s'oublie le réveillon qui nous attendait à la maison. Réveillon de guerre, mais si délectable et réconfortant après une telle dévote expédition!

En Limousin, nous n'avons pourtant pas la réputation d'être des modèles en matière de pratique religieuse. Et point n'est besoin de remonter dans les siècles passés pour découvrir, par exemple, que la Corrèze fut, dans le début du siècle, classée comme une terre de mission. En quelque sorte comme une lointaine colonie qu'il importait d'évangéliser en lui expédiant quelques prédicateurs au verbe tonnant et à la barbe imposante!

Qu'on se rassure, aucun de ces dévoués missionnaires n'acheva sa sainte vie dans une marmite; c'est ce qui fait une grande différence entre le Zambèze de naguère et la Corrèze de toujours. Ici, nous avons des goûts simples et les produits locaux nous suffisent!

Cela pour dire que, si nous sommes moins enclins que d'autres aux dévotions régulières, notre dilettantisme ne nous empêche pas d'apprécier les fêtes, religieuses ou autres.

Noël est de celles-ci, mais aussi toutes celles qui permettaient de se retrouver en famille autour d'une table bien garnie. Faut-il préciser que la désertification de nos campagnes a porté des coups sévères à toutes ces réjouissances; il faut être plusieurs pour faire la fête...

Alors souvenons-nous. L'année et les agapes entre amis et voisins commençaient au moment des vendanges, nous n'y reviendrons pas. Venait ensuite la Toussaint qui permettait à tous ceux qu'unissait encore la mémoire de parents disparus de se retrouver. D'abord devant quelques tombes, fraîchement désherbées, ensuite devant les assiettes. D'aucuns jugeront peut-être que je traite bien à la légère un événement pourtant peu propice à la plaisanterie. Je répondrai que la Toussaint n'est pas le jour des morts et que, de toute façon, comme disait un de mes voisins : « Ce n'est pas parce qu'on restera le ventre creux que ça ressuscitera les ancêtres ! Passons à table ! »

A ces festivités succédaient celles de Noël et du jour de l'an, commémorées comme il se doit. Il arrivait aussi, en pays de Brive, qu'on remette ça aux environs du 7 janvier, lors de la foire des Rois où se négocient les oies grasses et les foies. Puis venait la réjouissance qui honorait la glorieuse fin du cochon réservé à la consommation familiale et celle, non moins joyeuse, qui fêtait le Mardi gras.

Sauf exception, et il pouvait toujours s'en trouver, je ne vois pas grand-chose en carême ; que diable, on savait se tenir en terre limousine ! Mais pour les Rameaux, c'était la fête ! Oui, contre tous les préceptes liturgiques, nous estimions que le carême était fini ! D'ailleurs, beaucoup honoraient mieux les Rameaux que Pâques et cette habitude perdure, qui dira pourquoi ? Est-ce parce que le souvenir de l'entrée triomphale du Christ à Jérusalem est plus concret et terre à terre que sa mystérieuse sortie du tombeau ?

Nous arrivions ensuite au repas de communion, vaste programme et banquets assurés ! Et il en allait de même si, par chance, quelques mariages se concluaient.

En juillet, venait la fête qui marquait la fin des moissons et la construction du « paillé » qui faisait l'orgueil d'une ferme. On jugeait en effet le propriétaire aussi bien à l'importance de son tas de fumier qu'à la taille et à l'ampleur de la meule qui trônait au milieu de la cour.

Ce travail, dignement salué, arrivait enfin l'époque de la batteuse. Les repas devenaient alors tellement pantagruéliques que je leur consacrerai plus loin toutes les lignes qu'ils méritent !

C'est ainsi que nous jalonnions notre année. C'était une bonne façon de se retrouver entre voisins et amis. Mais aussi un louable moyen de rendre grâce au Seigneur de tous les bons produits qu'Il nous dispensait et qui poussaient en nos jardins en ces temps bénis où les plats surgelés et autres immondes brouets n'existaient pas.

Dinde de Noël

Ingrédients pour 12 personnes :

1 dinde (entre 4 et 6 kg)
500 g de chair à saucisse
1 boîte de 15 g de pelures de truffes
sel, poivre

Temps de préparation : 30 mn
Temps de cuisson : 2 h la veille — 1 h le jour même

Faire des incisions sous la peau de la dinde avec un couteau pointu et y glisser quelques pelures de truffes. Mélanger la chair à saucisse avec les pelures restantes et le jus, saler et poivrer. En farcir la dinde en tassant bien et attacher les pattes avec une ficelle pour maintenir le tout.

La faire rôtir 2 h en l'arrosant plusieurs fois en cours de cuisson.

Laisser reposer 24 h. Découper la dinde en morceaux réguliers de façon à pouvoir la recomposer. Découper la farce en fines lamelles, en garnir le fond d'un grand plat à four et recouvrir avec les quartiers de dinde. Rajouter le jus de cuisson.

Le jour de Noël, faire réchauffer 1 ou 2 h dans le four légèrement chaud (4).

Conserves de foies d'oie

Acheter au marché de Brive-la-Gaillarde des foies de 700 g environ. Pas trop caillés, pas trop jaunes non plus. Ne pas les mettre au réfrigérateur mais les garder quand même au frais.

Acheter des boîtes rectangulaires de 200 g.

Acheter des truffes du Périgord : quelle que soit la quantité ajoutée, c'est un plus !

Sel, poivre blanc, un peu de cognac ou d'armagnac pour rincer les boîtes.

Dénerver les foies, les frotter légèrement à l'alcool, les assaisonner et les couper aux mesures des boîtes. Remplir les boîtes sans tasser et recouvrir de rondelles de truffe... Les boîtes sont serties et stérilisées par un artisan conserveur qui connaît son métier et à qui vous pouvez faire confiance : pas d'économies de bout de chandelles pour ce mets de luxe !

Conserves de truffes

Acheter au marché des truffes pas trop grosses (20-30 g). Les brosser et les laver soigneusement à l'eau froide, les mettre dans une petite boîte avec quelques grains de sel.

Confier la cuisson à votre conserveur.

Biscuit roulé

Ingrédients :

100 g de farine
125 g de sucre fin
4 jaunes d'œufs
6 blancs d'œufs
1 citron (zeste et jus)
gelée de fruits
1 feuille de papier sulfurisé

Temps de préparation : 20 mn
Temps de cuisson : 20 mn

Travailler les jaunes d'œufs, le sucre, le zeste finement râpé et le jus de citron jusqu'à ce que le mélange soit crémeux et blanchisse.

Ajouter alors alternativement blancs d'œufs battus en neige très ferme et farine.

Verser cette préparation sur une plaque rectangulaire, beurrée et farinée.

Cuire à feux doux 20 mn. Dès la fin de la cuisson, renverser le biscuit délicatement sur le papier sulfurisé, étendre une couche de gelée le plus rapidement possible, rouler pour maintenir la forme et laisser refroidir dans le papier.

Ôter le papier et recouvrir d'une meringue à l'italienne ou d'un glaçage au chocolat et accompagner d'une crème anglaise.

Mousse au chocolat amer

Ingrédients pour 6 personnes :

6 œufs
200 g de chocolat amer
50 g de beurre

Temps de préparation : 30 mn

Faire ramollir le chocolat sur le feu avec une cuillerée de café.

Hors du feu ajouter le beurre et les 6 jaunes d'œufs.

Prévoir une casserole et un bol assez volumineux pour la préparation et les blancs en neige. Battre les blancs en neige très ferme avec une pincée de sel et les ajouter au mélange.

Verser cette préparation dans un compotier et mettre au frais. Cette mousse est meilleure après quelques heures de repos.

Gâteau de châtaignes

Ingrédients pour 6 personnes :

500 g de châtaignes
1/4 l de lait
100 g de beurre
100 g de sucre
100 g de chocolat à cuire

Temps de préparation : 20 mn
Temps de cuisson : 15 mn

Faire cuire les châtaignes avec le lait une quinzaine de minutes, réduire en purée au moulin à légumes.

Ajouter le beurre ramolli, le sucre, le chocolat fondu, mélanger le tout. Versez cette purée dans un moule à cake huilé.

Mettre au réfrigérateur 24 h, démouler.

Tarte aux pralines de mes grands-mères

Recette mise au point et réalisée par la maison Charrier, traiteur à Brive depuis 1795.

Ingrédients pour 12 personnes :

Feuilletage à galette :
400 g de farine
50 g de beurre
10 g de sel
150 g d'eau (environ)
150 g de beurre

Crème frangipane :
150 g de beurre
150 g de sucre
125 g d'amandes en poudre
4 œufs
rhum

200 g de pralines
1 jaune d'œuf

*Temps de préparation :
si vous n'achetez pas la pâte,
prévoir une matinée ou un après-midi, 30 mn
Temps de cuisson : 35 mn*

Pour le feuilletage à galette, le procédé est le même que pour le feuilletage normal (voir recette p. 121-122). Faire une détrempe homogène et la laisser reposer au frais 1/2 h.
Mettre le beurre dans la pâte, donner deux tours, laisser reposer. Donner deux tours à nouveau. La pâte a donc quatre tours, elle est ainsi terminée. Si vous manquez de temps, vous pouvez également acheter votre pâte feuilletée toute prête.
Faire la crème frangipane en malaxant le beurre, le sucre et les amandes en poudre. Incorporer progressivement les œufs et le rhum. Concasser les pralines.
Étaler la pâte feuilletée en disques de 25 cm de diamètre. Mettre un disque sur une tôle plate, border avec les pralines

puis étaler la crème frangipane. Recouvrir avec le deuxième disque, souder au lait délicatement et dorer au jaune d'œuf.

Mettre à four chaud (7) pendant 30 mn. Déguster cette tarte lorsqu'elle est tiède.

Entre le cochon réservé à la consommation familiale et ses propriétaires, ce fut toujours une grande passion amoureuse qui finissait mal !

C'est vrai qu'on le regardait avec une immense tendresse ce porc ! C'est simple, il y avait toujours deux régimes dans la soue. Un pour l'élu — parqué à part dans une molle litière de feuilles —, l'autre pour les vendus en puissance. Cela ne veut pas dire que ces derniers n'étaient pas bien nourris ; simplement leur régime était moins raffiné et varié. A eux la nourriture efficace mais grossière, à l'autre les petites gâteries, les gentillesses, toutes ces attentions qui transforment une viande banale en mets de roi ! J'entends par là que les uns étaient élevés aux pommes de terre, aux raves et à la farine d'orge. L'autre, outre ces plats de résistance, avait droit aux succulentes châtaignes, aux pommes, betteraves, feuilles de choux et courgettes rafraîchissantes, à quelques topinambours crus — pas trop car ils sont échauffants —, aux carottes sucrées, aux glands si savoureux, au délicieux petit-lait, au son gonflé dans l'eau tiède et anobli par quelques poignées de farine d'arachide, au maïs en épis qu'il fait si bon ronger entre deux repas, bref, à un menu de luxe !

Ainsi choyé, le goret ne pouvait faire moins que d'exprimer toute sa reconnaissance en élaborant patiemment — et les siestes étaient là pour ça ! — un lard épais et généreux, une viande exceptionnelle, ferme à la cuisson mais tendre à la dégustation, parfumée, persillée à souhait, un régal !

Il faut rappeler qu'en ces temps les spécialistes de la diététique et autres nutritionnistes étaient discrets et ne nous rebattaient pas les oreilles avec leur phobie des matières grasses. Et quand on disait de quelqu'un de bien enveloppé qu'il était gras comme un cochon, on comprenait tout de suite. Cette comparaison est désormais fausse ; de nos jours, les porcs sont maigres, sélectionnés et élevés dans ce but. Les races de jadis n'avaient qu'un lointain rapport avec celles d'aujourd'hui. De même, le temps consacré à l'engraissement n'avait rien de commun avec celui qu'on passe maintenant au forçage des porcs.

En ces temps, il fallait compter dix-huit mois pour amener à deux cents kilos nos *craonnais*, *limousins* cul-noir, *normands* ou autres *périgourdins*. Aujourd'hui, avec un yorkshire, quelques mois suffisent pour fabriquer une carcasse comestible ; comestible mais pas succulente, tant s'en faut, et surtout pleine d'eau ! C'est en ingérant ce genre de denrées que l'on mesure à quel point il est possible de se nourrir sans savoir ce que l'on mange !

Mais nos porcs familiaux, c'était autre chose ! Ah ! les braves bêtes ! Comme on les aimait ! Et comme on était attendri en les voyant, mois après mois, s'étoffer, prendre des formes, s'envelopper, devenir, sous nos yeux gourmands, des jambons, des épaules, des rôtis, du petit salé et des rillettes, des boudins, saucisses et grillons, tous ces délices que l'on devinait là, dans la bête repue, vautrée dans sa litière !

Mais tout a une fin. Arrivait le jour où notre pensionnaire devait prouver qu'il avait su tirer profit de son traitement de faveur. Le tout n'est pas de s'empiffrer sans vergogne, encore faut-il honorer la facture, même si elle est sévère...

C'était toujours par un glacial matin que se déroulait le sacrifice. Outre la lune qui devait être dans sa bonne phase (comme pour les champignons, les plantations, les semis, etc.), il fallait que le froid soit sec, ainsi la viande serait saisie et caillerait mieux.

J'ai toujours pensé que quelques secrètes intuitions avertissaient le cochon que son heure était venue. Comment expliquer autrement les braillements inhabituels qu'il poussait avant même d'être extirpé de sa soue. D'aucuns assurent que c'est la faim qui le faisait gueuler ainsi. Il est vrai qu'il n'avait eu la veille au soir qu'un brouet clairet, très différent de ses habituelles agapes, qu'il avait dédaigné. Mais de là à pousser de tels cris ! Des hurlements qui ne cessaient d'empirer de minute en minute et qui devenaient insoutenables quand les hommes entraient dans l'étable.

Trois costauds qui menaient rondement l'affaire, en habitués de ce genre d'expédition. Là encore, la tradition voulait que les voisins s'entraident pour « faire le cochon ». Aussi, à passer de ferme en ferme, ils avaient tous un excellent entraînement, l'art et la manière de coincer la bête, de lui mettre une corde autour du groin et de la tirer jusqu'au centre de la cour.

Là, tel un bois de justice, posé sur deux grosses pierres, attendait le plateau de bois où allait être basculé et maintenu l'animal. Debout à ses côtés, l'air solennel, affûtant méticuleusement son couteau dont la lame, usée par la pierre et luisante, n'était plus qu'un fil, se tenait l'exécuteur. Un voisin, lui aussi, mais surtout un spécialiste qui tenait son art de son père qui lui-même...

Car il ne faut pas croire que l'on égorge un porc comme un poulet. Il est un coup de main qui ne s'improvise pas, un point exact où il faut plonger la lame si l'on ne veut pas que tout dégénère en horreur et que l'animal ne souffre en vain. Tout doit être rondement mené.

Notre voisin, excellent homme au demeurant, était un véritable artiste. Non seulement il faisait passer la victime de vie à trépas en quelques instants mais, plus tard, avait un art de la découpe qui aurait fait pâlir de jalousie un boucher confirmé ! Mais nous n'en sommes pas encore là.

Pour l'instant, le cochon renâcle, hurle à percer les tympans, se bloque des quatre pattes sur le sol gelé. Mais sa défense est vaine et proche l'échafaud. Et comme plaisantait toujours un de nos voisins : « Allez mon vieux, tu t'es bien défendu, mais tes jambons t'ont perdu ! »

Cette fois, tout est joué. Couché, maîtrisé, tenu, le porc n'a plus, pour ultime défense, que de s'égosiller en un long cri qui, sous peu, finira en caverneux borborygmes car, déjà, la lame est en lui... Éludons, j'aurais scrupule à choquer les âmes sensibles. Feu la bête. Et détournons-nous pudiquement de la précieuse bassine que la fermière emporte en lieu sûr ; jusqu'à preuve du contraire, il faut bel et bien du sang frais pour confectionner les boudins. Passons aux choses moins sinistres.

Maintenant que le premier acte est consommé et qu'aux braillements insensés succède un silence bienfaisant, attaquons la deuxième phase. La première, vu son issue fatale, avait quelque chose de dramatique. Celle-ci est autre, joyeuse, ludique presque, car il n'est ni fatigant ni compliqué d'allumer un pétillant et rapide feu de paille sur le défunt. Puis, le feu éteint, de promener une torche de seigle sur les dernières soies récalcitrantes. C'était gai et réchauffant. Il n'était pas non plus très épuisant d'ébouillanter ensuite la victime et de lui racler la couenne. C'était une occupation qui n'empêchait ni le dialogue ni les plaisanteries et qui ouvrait l'appétit. On se surprenait vite à saliver et à rêver en grattant tous les bons morceaux !

En revanche, lorsque venait la découpe, le sérieux reprenaît ses droits. L'officiant réclamait le calme, le silence presque ; sa réputation était en jeu. Il ne s'agissait pas de taillader maladroitement, de rater un jambon ou une épaule, de massacrer un rôti ou un filet, voire, pis encore, de perforer les intestins ! Comment faire les boudins avec des boyaux percés ? Il devait avoir la main sûre, les gestes décidés mais précis.

Et ses assistants aussi devaient être sérieux dans leur rôle de convoyeurs. Il aurait été très mal vu, et dommageable, de se prendre les pieds dans les chiens qui assistaient au spectacle, l'œil gourmand, et de s'étaler dans les cailloux en projetant le plat de côtes ou les abats dans la bouse, fût-elle durcie par le gel !

Petit à petit, sur l'étal où elle gisait, la sanglante dépouille s'amenuisait, prenait d'étranges formes de cul-de-jatte et de manchot. Bientôt, et puisque tout est bon dans le porc, il n'en restait rien sauf, dans la paille, quelques discrètes taches de sang figé que les chiens, l'échine peureuse, venaient sournoisement nettoyer dès que les hommes avaient tourné les talons.

Les matinées coulent vite en hiver. Aussi midi était bientôt là. Dans la grande salle où crépitait le feu, tout était prêt pour le repas et, au coin de l'âtre, la soupe de pain et de légumes mijotait depuis des heures. Mais avant de passer à table et d'assouvir une faim bien affûtée par le travail, une visite dans la pièce la plus froide de la maison s'imposait.

Là, étalés sur une immense table recouverte de torchons blancs, reposaient tous les morceaux. Et il était de politesse d'en apprécier, en connaisseur, le volume, la parfaite texture, l'aspect, le devenir...

Ici, les portions à rillettes, grillons, pâtés divers, fromage de tête, qui ensoleilleraient tous les casse-croûte de l'année. Là, les épaules et jambons que le saloir attendait mais qu'on imaginait déjà pendus dans la cheminée ; puis délicatement entamés, pour en évaluer l'excellence, pour goûter... Ici, le futur petit salé, indispensable à la dégustation de quelques plantureuses farces dures ou potées aux lentilles. Et encore, çà et là, posés dans des plats ou des assiettes de faïence épaisse, le cœur, le foie, les rognons, la cervelle, les pieds, tant d'autres morceaux que la ménagère mitonnerait au fil des jours.

Admiratifs devant l'ensemble, les hommes n'étaient jamais avares de compliments. C'était une façon de rendre hommage à la fermière qui, depuis des mois, et deux fois par jour, avait trimé pour que le porc en arrive là, à l'optimum de sa forme — et de ses formes —, sur cette table familiale, par un froid matin de février.

Sanguette

Si vous achetez une volaille vivante, la saigner sur un récipient contenant des croûtons de pain aillé. Rajouter une échalote et du persil hachés finement et un filet de vinaigre.

Faire fondre une cuillère de graisse d'oie dans une poêle, lorsqu'elle est bien chaude, faire saisir la préparation et laisser cuire 15 mn. Servir très chaud.

Carpe farcie d'Irène

Ingrédients pour 8 ou 10 personnes :

1 carpe de 3 à 4 livres
1 bouteille de cidre bouché
3 échalotes, 1 gousse d'ail, persil
150 g de jarret de veau ou de chair à saucisse
1 œuf
(facultatif : 1 poignée de mie de pain
trempée dans 1 cuillère à soupe de lait)
sel, poivre

Pour la décoration :
2 tomates, 1 citron, 1 échalote
1 cuillère de farine ou de maïzena

Temps de préparation : 30 mn
Temps de cuisson : 1 h

Écailler, vider, laver la carpe, la déposer dans un plat à four.

Préparer la farce, hacher finement le jarret de veau cuit, les échalotes, la mie de pain trempée dans le lait, 1 gousse d'ail, 3 branches de persil, 1 œuf (la préparation est la même avec de la chair à saucisse).

Farcir la carpe avec cette préparation, verser le cidre au fond du plat, mettre une noix de beurre, une pincée de sel et de poivre.

Mettre à four préchauffé 6/7. Arroser la carpe avec le cidre tous les quarts d'heure.

10 mn avant la fin de la cuisson, sortir le plat, déposer les tomates coupées en fines rondelles sur l'épine dorsale, un bouquet de persil sur la tête, alterner quelques rondelles de citron et d'échalote.

Lier le cidre avec 1 cuillèrc de farine ou de maïzena et remettre au four 10 bonnes minutes de plus.

Si vous n'avez pas le temps de surveiller la cuisson de la carpe, vous recouvrez votre plat d'une feuille d'aluminium avant d'enfourner.

Fricassée de porc

Ingrédients pour 6 personnes :
400 g de porc dans l'échine ou le travers (coupés en gros dés)
200 g de foie de porc coupé en morceaux
ail, sel, poivre, quatre-épices
1 bouquet garni
1 cuillerée à soupe rase de farine
1/2 verre d'eau
1 pincée de sel, graisse d'oie
Temps de préparation : 15 mn
Temps de cuisson : 2 h 30

Faire revenir le porc à la graisse d'oie. Bien faire fricasser en cocotte une dizaine de minutes en retournant régulièrement. Toutes les faces doivent être grillées. Le retirer.

Dans la cocotte réaliser une sauce piquante : faire un roux, verser lentement l'eau tout en remuant. Porter à ébullition et ajouter l'ail et le bouquet garni. Remettre les morceaux de porc, le foie, et une cuillerée à café de quatre-épices délayée dans un peu de bouillon. Laisser mijoter 2 bonnes heures. Servir avec des pommes vapeur ou du riz.

Petit salé aux lentilles

Ingrédients pour 6 personnes :
700 g de petit salé
500 g de lentilles
1 oignon, 1 gousse d'ail
3 carottes
1 branche de thym, persil
Temps de préparation : 5 mn
Temps de cuisson : 1 h (30 mn en autocuiseur)

Mettre les lentilles à l'eau froide ; lorsque l'eau bout, ajouter l'oignon, les carottes, le persil et le thym. Laisser mijoter 1 h (30 mn à l'autocuiseur).

Dans une autre cocotte, mettre le petit salé à l'eau froide, porter à ébullition et laisser cuire 1 h. En fin de cuisson, déposer le petit salé sur les lentilles et servir.

Potée limousine au petit salé

Ingrédients pour 6 personnes :

1,300 kg de petit salé dans le plat de côtes
5 poireaux
1 cœur de chou blanc
500 g de carottes
2 navets
1 oignon

Temps de préparation : 30 mn
Temps de cuisson : 2 h

Laver le petit salé pour le dessaler. Prendre un faitout haut, y mettre 3 l d'eau froide non salée et le petit salé.
Porter à ébullition, la maintenir à couvert 1 bonne heure.
Ajouter les légumes et faire cuire 1 h de plus. Sortir les légumes et la viande avec une passoire et dresser dans un grand plat creux. Servir avec des cornichons et de la moutarde.
Facultatif : ajouter des pommes de terre vapeur cuites séparément.

Boudins aux pommes

Ingrédients pour 6 personnes :

6 boudins
500 g de pommes reinettes
sel, poivre
graisse d'oie

Temps de préparation : 30 mn
Temps de cuisson : 30 mn

Éplucher les pommes et les couper en tranches. Les faire revenir à la poêle avec une cuillère de graisse. Remuer de temps en temps pendant 20 mn. Saler, poivrer, les pommes sont souples et fondantes.

Dans une autre poêle, faire griller les boudins avec juste ce qu'il faut de graisse pour que la cuisson démarre sans accrocher. Laisser cuire 20 mn à feu doux.

Étaler les pommes dans un plat chaud, poser les boudins dessus et servir aussitôt car ce plat se mange très chaud.

Pommes à la bonne femme

Ingrédients pour 6 personnes :

12 pommes reinettes
50 g de beurre
75 g de sucre
cerneaux de noix
1 verre de vin rouge
1 verre d'eau
gelée (cassis-groseilles-coing)

Temps de préparation : 15 mn
Temps de cuisson : 1 h

Éplucher les pommes, les vider. Travailler le beurre avec le sucre et les noix et remplir les pommes avec le mélange. Disposer les pommes dans un plat à four, rajouter l'eau, le vin et quelques cuillères à soupe de sucre.

Cuire doucement à four tiède (5) pendant 1 h.

A mi-cuisson saupoudrer de sucre glace. En fin de cuisson remplir les pommes avec 1 cuillère à café de gelée.

Ce dessert se mange tiède.

Rôti de bœuf

Ingrédients pour 6 personnes :

1 kg de bœuf dans le filet (du limousin de préférence)
sel, poivre,
1 noix de beurre

Temps de préparation : 5 mn
Temps de cuisson : 30 mn ; 20 mn pour la première livre
10 mn pour chaque livre de plus et 10 mn de repos

Faire préchauffer le four à 6/7, mettre le rôti dans un plat à four, saler, poivrer et disposer une noix de beurre sur le rôti.

Faire cuire 30 mn et laisser le rôti 10 mn de plus dans le four ouvert.

Ce mets dans sa simplicité est royal, nos prairies du Limousin donnant des bœufs succulents.

Farce dure briviste

Ne pas confondre avec la farce dure tulliste faite à base de pommes de terre.

Ingrédients pour 6 personnes :

1 kg de farine
1 paquet de levure de boulanger (42 g)
1 pincée de sel
12,5 cl de lait
100 g de beurre
6 œufs

Temps de préparation : 1 h et 2 h 1/2 de repos
Temps de cuisson : 1 h

Faire un puits avec la farine, y malaxer successivement les œufs, le beurre fondu, la levure diluée dans le lait chaud, le sel afin de faire une boule compacte et homogène.

Envelopper dans un linge et faire lever pendant 2 h 30 dans un endroit chaud.

Remplir un faitout haut et profond (surtout pas un couscoussier duquel il serait impossible de ressortir la farce une fois cuite) aux 2/3 d'eau bouillante et salée. Mettre à cuire la préparation dans son linge dès que l'eau bout. Maintenir une ébullition constante pendant 1 h à 1 h 30. Retourner à mi-cuisson si nécessaire.

Dans le même temps préparer une potée de petit salé et de légumes (voir recette p. 90).

L'HIVER EN LIMOUSIN

Farcidure de pommes de terre

Ingrédients pour 6 personnes :

3 kg de pommes de terre
2 œufs
100 g d'oseille
50 g de farine
4 gousses d'ail
150 g de hachis de porc ou lardons
12 feuilles de chou
sel, poivre

Bouillon et garniture :
1,2 kg de petit salé (plat de côtes)
600 g d'andouille à cuire
100 g de carottes
100 g d'oignons
1 bouquet garni
sel, poivre

Temps de préparation : 30 à 40 mn
Temps de cuisson : 1 h 30 et 45 mn

Laver le petit salé et le mettre à cuire dans une grande quantité d'eau froide. Porter à ébullition, écumer, ajouter les carottes entières, l'oignon et le bouquet garni. Laisser cuire 1 h 30 à faible bouillon.

Râper les pommes de terre avec une râpe à main, égoutter la pulpe et la mettre dans une terrine.

Ajouter les œufs, l'oseille hachée, la farine, le sel, le poivre, bien mélanger le tout.

Après une bonne heure de cuisson du petit salé, ajouter l'andouille.

Mettre de l'eau à chauffer dans une autre casserole et ébouillanter les feuilles de chou.

Former avec les mains une boule de pommes de terre, glisser un lardon au milieu et emballer le tout dans une feuille de chou. En confectionner une douzaine.

Retirer le salé et l'andouille cuits, maintenir le bouillon à faible ébullition et y plonger les farcidures 3/4 h environ.

Servir avec le petit salé, l'andouille et une salade à l'ail.

Le Printemps en Corrèze

> Tout en déplorant de devoir pousser plus avant la provocation, il faut bien reconnaître que j'adore les tomates. La tomate est l'aboutissement somptueux du savoir-faire divin dans le règne végétal.
>
> Pierre Desproges, *Textes de scène.*

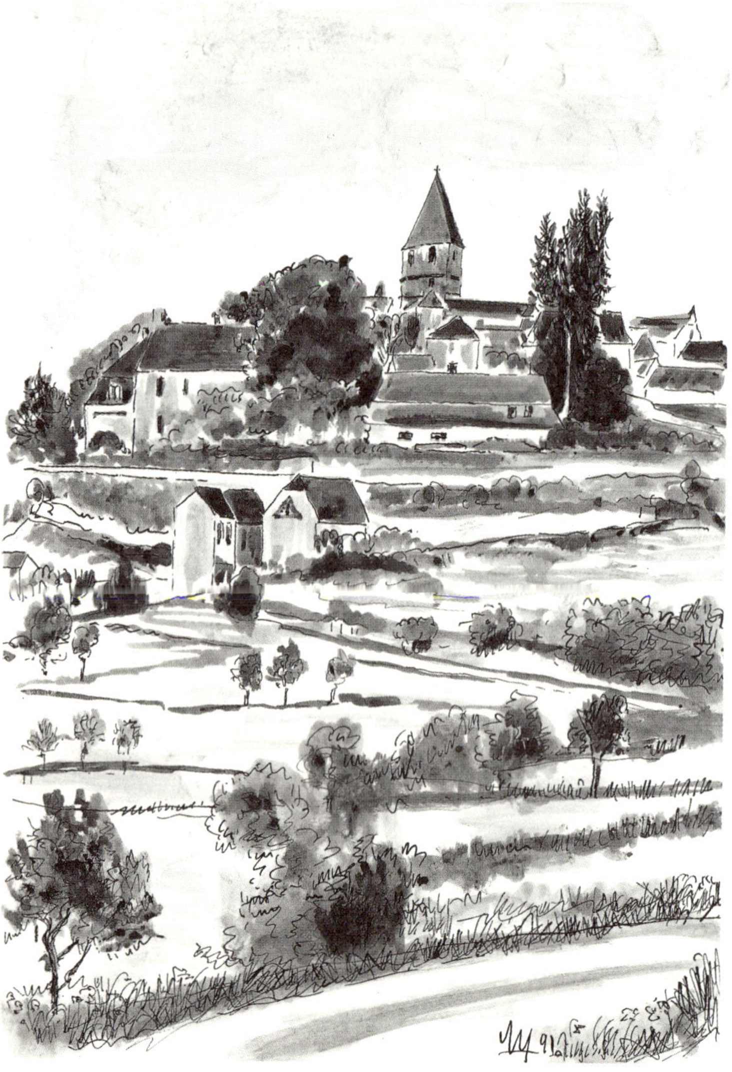

Il est des années où le froid n'en finit pas de résister. Pourtant, mi-mars est là et, à quelques signes avant-coureurs de sa mort imminente, on croyait l'hiver exsangue.

Mais c'est une époque douteuse, comme le ciel, un mois à l'humeur instable, plein de tièdes langueurs d'une heure que glace soudain une averse de grésil. Mars, mois giboulleux, plein de caprices et de bouderies qu'effacent les grands coups de cœur d'un après-midi éblouissant d'un soleil cru qui réchauffe et fait rêver.

Pourtant il suffit d'un méchant vent du nord, balayant une nuit jusque-là tiède, pour que le froid redevienne hargneux et mordant comme un mauvais chien. Et pour peu que la lune s'en mêle, le gel se réinstalle. Alors, ces sursauts d'agonie d'un hiver pourtant condamné peuvent être terribles. Car, souvent, trompés par quelques douces journées, les bourgeons se sont débourrés et ouvertes les fleurs, si fragiles et tendres. Malheur à elles, anéanties en quelques instants par le coup de fouet glacial qui les assassine.

C'est à cause de ces perfidies, toujours possibles d'un hiver qui n'en finit pas d'agoniser, que toute ferme avait, naguère, un lopin privilégié. Une sorte d'oasis que les plus vicieux coups de gel tardifs n'atteignaient pas.

Ces havres, toujours perchés à flanc de colline, exposés plein sud, souvent cernés par quelques murets de pierres sèches ou d'épaisses haies d'épines, étaient amoureusement cultivés et choyés. A eux le meilleur fumier, celui qui s'obtient après au moins deux ans de fosse et que l'on baptise « beurre noir » ; un régal pour la terre ! A eux encore les soins les plus attentifs, les plus fréquents, les plus tendres. Travaillés à la main, bêchés en bonne saison, aérés quand besoin était, scarifiés si nécessaire, paillés, cajolés, ils produisaient les meilleures primeurs qui soient. Et c'est de leurs plates-bandes entretenues comme des Villandry miniatures que provenaient des légumes au goût exceptionnel.

Par bonne année, dès fin février, se ramassaient les premières asperges, les *Argenteuil hâtive*, les *de Vineuil* ou encore les *Hollandaises à tête violette*. Se cueillaient aussi de succulentes laitues, les grosses *Blondes d'hiver, Rouges d'hiver, Passions blanches*. Venaient ensuite les croquants radis, *Ronds roses à bout blanc, Jaune-d'or hâtifs*, ou les *Gaudry*.

Et c'est toujours de ces lopins qu'étaient extraites les pommes de terre nouvelles, *Belles de Fontenay, Chavignounes, Early roses, Royal Kidney* et autres *Viola* ; toutes ces merveilles dont le goût n'a pas grand-chose de commun avec la farineuse *Bintje* dont le marché actuel est inondé et dont on oublie qu'elle fut longtemps réservée à la consommation animale, c'est dire sa valeur gustative !

Des flancs de ces jardinets provenaient aussi les premières carottes nouvelles. Celles qui, avec les petits oignons blancs, accompagnent toujours le plat de petits pois.

Ah ! les petits pois du pays de Brive ! Tous ces *Nains d'Annonay*, ces *Volontaires*, ces *Ridés hâtifs* ! Sans oublier les ramés, *Prince Albert, Express, Roi des Serpettes, Pois téléphone, Sénateurs* et *de Clamart* qui tous avaient leur goût propre, pour ne pas dire leur âme !

Ce n'est point pour faire assaut d'érudition potagère que j'ai cité toutes ces variétés de légumes. D'ailleurs il en manque beaucoup, ne serait-ce que parmi les haricots, verts ou blancs, tous ces *Rois des beurres, Mangetout du Rhin, Saint-Fiacre, Soissons* et autres *Michelet* (eh oui !). Si j'évoque tous ces noms, c'est avec un peu de nostalgie car beaucoup sont oubliés.

A ces variétés fines, succulentes, propres à chaque terrain, à chaque région, mais dont les rendements n'étaient pas toujours excellents et le ramassage obligatoirement manuel, on préfère la grosse artillerie, le légume à cantine, en quelque sorte. Et c'est ainsi que l'on baptise, sans frémir, petits pois extra-fins des sortes de chevrotines verdâtres et farineuses, au goût de plâtre, flottant dans un jus aseptisé. Et il en va de même pour la majorité des légumes. Mais comment faire autrement ?

Le bon, le vrai, le fin légume doit être cueilli à la main, avec soin et surtout en fonction de sa parfaite maturité. C'est dire si son prix de revient atteint des sommets ! Quant à son prix de vente, éludons, il confine au produit de luxe !

Alors, puisqu'il faut bien se nourrir sans se ruiner, ce sont maintenant des variétés à gros rendements que l'on cultive. Des variétés arrivant ensemble — c'est-à-dire le même jour — à maturité. Et voguent alors les moissonneuses à petits pois ou à haricots, mais de là à baptiser ces ersatz d'extra-fins, non !

Qu'on veuille me pardonner cette digression sur nos lopins réservés naguère aux primeurs. Je parlais de l'hiver qui tardait à mourir et me voilà dans le légume ! Mais nos terres à primeurs méritaient qu'on les évoquât, elles donnèrent, en leur temps, leur richesse à certaines communes du Limousin. De plus, le méticuleux entretien de ces parcelles était le résultat d'un art de vivre, de travailler, de se nourrir aussi.

Nos lopins où croissaient nos petits pois et nos asperges, mais aussi nos artichauts de pays et nos fraises, ont disparu, faute de main-d'œuvre pour les entretenir. Qui donc serait maintenant assez courageux pour tenter de les travailler à la bêche. Ils ont disparu sous les taillis et les ronces, et les uns et les autres y poussent dru car le sol y est fameux. Mais leur abandon doit-il, pour autant, nous condamner à la tambouille généralisée ? Si tel est le cas, vu la rapidité avec laquelle gagnent les broussailles et s'étale le désert en France, les hamburgers feront, sous peu, figure de plat national !

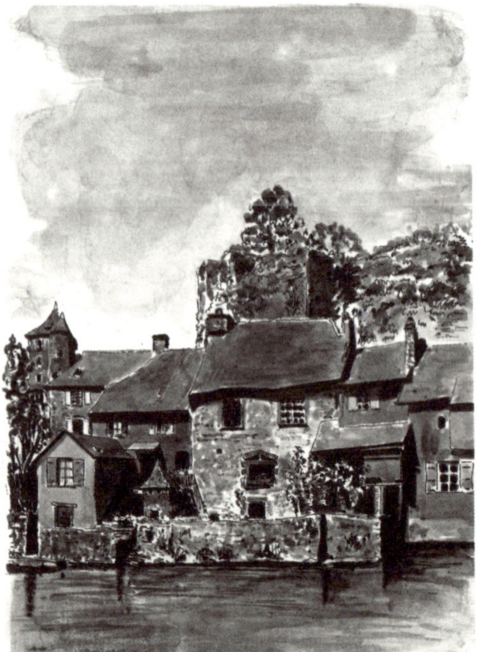

Artichauts barigoule

Ingrédients pour 6 personnes :

6 artichauts
300 g de chair à saucisse
2 tranches de lard maigre
1 bonne poignée de mie de pain
1/2 verre de lait
1 œuf
échalotes, ail, persil
sel, poivre
1 verre de vin blanc sec

Temps de préparation : 40 mn
Temps de cuisson : 50 mn
(20 mn pour les artichauts et 30 mn pour la préparation)

Avec un couteau bien aiguisé, couper les feuilles des artichauts à mi-hauteur (cela facilite la cuisson).
Les faire blanchir 20 mn à l'eau bouillante. Enlever le foin et les faire bien égoutter.
Préparer une farce avec la chair à saucisse, l'ail, les échalotes, le persil, la mie de pain trempée dans le lait et l'œuf.
Mettre de l'huile dans un plat à four, faire chauffer quelques minutes à feu très doux ou sur une mijoteuse.
Disposer les artichauts dans le plat (sur le lard coupé en six). Les farcir, mettre le vin blanc dans le fond du plat et faire cuire au four 30 mn à thermostat 6/7. Servir très chaud.
Ce plat peut constituer soit une entrée, soit le plat principal (pour le repas du soir, par exemple).

Salade de gésiers

Ingrédients pour 6 personnes :

1 scarole
1 boîte de gésiers confits (400 g)
cerneaux de noix
1 vinaigrette au vinaigre de framboise

Temps de préparation : 20 mn

Tapisser les assiettes de scarole bien propre et bien sèche. Faire réchauffer la boîte de gésiers ouverte au bain-marie. Achever la cuisson à la poêle pour éliminer la graisse et faire dorer les gésiers. Les couper en lamelles et les disposer sur la scarole. Parsemer de cerneaux de noix et arroser avec la vinaigrette. Servir aussitôt pour que les gésiers soient encore tièdes.

Grenadins de veau aux mousserons

Ingrédients pour 6 personnes :

*1 kg de grenadins de veau
1 cuillère à soupe de graisse d'oie*

*Pour la sauce :
30 g de farine
50 g de beurre
200 g de rosés des prés ou de champignons de Paris
1 petit pot de crème fraîche (12,5 cl)
1 verre de lait
le jus d'1 citron
sel, poivre*

Couper les grenadins en tranches de 2 cm d'épaisseur. Les passer dans la graisse d'oie chaude, faire dorer 5 mn de chaque côté. Saler, poivrer, aligner les grenadins dans un plat à four, les réserver au chaud.

Dans la poêle vide mettre les champignons émincés à revenir, les citronner.

La sauce se fait dans une casserole à fond épais. Mettre à fondre le beurre, faire un roux blond, ajouter le lait et porter à ébullition sans cesser de remuer. Hors du feu, saler et ajouter 2 cuillères de crème fraîche.

Mettre les champignons dans la sauce, rajouter du jus de citron et en napper les grenadins.

Ce plat peut se faire 1 h à l'avance, il se garde au chaud ou se réchauffe dans votre four au bain-marie.

Servir avec des pâtes fraîches.

Petits pois à la corrézienne

Ingrédients pour 6 personnes :

*3 kg de petits pois frais (à écosser)
1 oignon
2 ou 3 carottes
1 tranche de lard
sel, poivre, persil
1 verre d'eau*

*Temps de préparation : de 30 à 40 mn
(selon votre rapidité à écosser les petits pois)
Temps de cuisson : 30 mn*

Dans une casserole épaisse ou une petite cocotte faire dorer le lard et reverdir les petits pois. Ajouter les carottes coupées en deux, l'oignon, le persil et un verre d'eau.

Couvrir et laisser cuire à l'étuvée une vingtaine de minutes.

Pigeons aux petits pois

Ingrédients pour 6 personnes :

*3 beaux pigeons
1 verre à liqueur d'eau-de-vie de prune,
de cognac ou d'armagnac
1 oignon, 1 gousse d'ail
sel, poivre
persil, thym
1 cuillerée à soupe de graisse d'oie*

*Temps de préparation : 10 mn
Temps de cuisson : 1 h*

Faire revenir et dorer les pigeons à la cocotte dans la graisse d'oie. Les retourner de tous côtés, compter environ 5 mn par face. Saler et flamber. Rajouter l'oignon, l'ail, le poivre, le persil et le thym.

Couvrir et laisser cuire doucement 1 h.

Partager les pigeons en deux et servir avec des petits pois à la corrézienne (voir recette ci-dessus).

Tarte aux oignons nouveaux

Ingrédients pour 6 personnes :

Pour la pâte :
250 g de farine
100 g de beurre
1 cuillère à soupe de crème fraîche
1 pincée de sel
1 cuillère à café de levure sèche

Pour la garniture :
500 g d'oignons frais
graisse d'oie
Temps de préparation : 20 mn
Temps de cuisson : 30 mn

Faire une pâte brisée, l'abaisser à 1/2 cm et en recouvrir une tôle à tarte beurrée ou huilée.

Émincer les oignons frais et les faire revenir avec une noix de graisse d'oie jusqu'à ce qu'ils soient bien dorés. Saler, poivrer et recouvrir la pâte avec les oignons.

Faire cuire 30 mn à four chaud (6).

Même s'il a tardé à rendre l'âme, l'hiver est maintenant bien mort. Et ce n'est pas une hirondelle qui l'a annoncé, tant s'en faut. On sait, depuis longtemps, que ces petites ne font pas le printemps. En revanche, et c'est bien logique, ce sont les grues qui, voici trois nuits, ont répandu la bonne nouvelle.

Elles nous avaient amené l'automne et le gel, elles sont revenues avec le soleil. Et leurs appels nocturnes n'étaient pas tout à fait les mêmes qu'il y a six mois. En octobre, on les sentait un peu tristes, inquiètes aussi, surtout les jeunes, d'avoir à entreprendre un si long périple et d'abandonner des contrées connues. Elles nous reviennent maintenant en tirant le printemps derrière elles. Et leur chant semble plus allègre, plus gai. On devine qu'elles ont hâte de retrouver les queues d'étangs et les tourbières de la Scandinavie, d'y rencontrer l'âme sœur et d'y fonder une famille.

Dans leur sillage, autre signe indiscutable de l'imminence du printemps, arrivent les premières huppes. Timides encore, osant à peine lancer dans la campagne silencieuse leur oupoupou (que les ignorants confondent avec l'appel d'un coucou), elles s'activent, en quête de nourriture. Car tout est là. Point d'insectivores sans insectes et point d'insectes si la température est trop basse. Aussi, pendant quelques jours, surtout si le temps tarde à franchir le pas et à s'installer dans un vrai, donc tiède printemps, les oiseaux semblent hésiter à prendre leurs quartiers. Et il n'est, pour s'en convaincre, qu'à entendre le premier et presque confidentiel chant du coucou.

C'est d'abord une mélopée presque enrouée et comme craintive. Un chant qui se veut d'espoir mais dans lequel on devine toute l'angoisse du premier arrivé ; la peur de l'isolé qui regrette d'avoir été si audacieux, qui attend, en vain, une réponse à sa question, un écho, et qui mesure soudain tous les dangers de la solitude.

Aussi, quelle bruyante et soudaine allégresse, et quel festival, lorsque, au loin — très loin parfois, mais qu'importe ! —, répondent, d'abord timides puis de plus en plus confiantes, les deux notes d'un compagnon !

Bientôt, viendra la délimitation du territoire et il fera alors beau voir qu'un intrus vienne se faire la voix dans le secteur ; il sera chassé sans pitié. Coucou, d'accord, mais pas plus qu'il n'est décent !

Mais, dans l'immédiat, cette réconfortante réponse apporte l'assurance que la solitude est rompue et que l'on ne s'est pas fourvoyé trop tôt en une contrée qui émerge à peine de l'hiver. C'est le bonheur.

Maintenant, les hirondelles peuvent arriver et ne s'en privent pas. Vives et affairées, de plus en plus nombreuses chaque jour, elles réinvestissent les étables, retrouvent leurs vieux nids et crissent de colère en les voyant occupés et transformés par quelques moineaux ou troglodytes sans scrupules. Les intrus prestement expulsés et le ménage fait, heureuses, elles virevoltent, fusent vers le zénith, plongent, se saoulent d'insectes et de soleil. Grâce à lui, la douceur est enfin là et des nuages de moucherons frémissent au-dessus des prés, jaunes de pissenlits.

Bientôt, toute la campagne se teinte des nuées blanches des prunelliers en fleur, auxquels succèdent les vergers de pruniers. Un peu plus roses, pommiers et pêchers apportent çà et là leur touche pastel où s'affolent des milliers d'abeilles.

Et partout triomphent les oiseaux. Ils sont tous là et c'est à qui trillera le plus fort, sifflera le mieux, bavardera le plus longtemps de buissons en buissons, de haies en bosquets, de gaulis en futaies. Tout est chorale, tout est concert, et aux obsédants appels des mésanges répondent les chœurs triomphants des pinsons, des fauvettes et des grives musiciennes, qu'accompagnent le chant flûté des loriots et le doux roucoulement d'un ramier amoureux.

Le printemps est bien là.

Milhassous

Ingrédients pour 6 personnes :

1 kg de grosses pommes de terre (Bintje)
200 g de lard gras
1 gousse d'ail
1 petit bouquet de persil
sel, poivre

Temps de prépation : 1 h
Temps de cuisson : 40 mn

Râper les pommes de terre avec une râpe à main, laisser égoutter dans un chinois 1 h.

Préparer une persillade : mouliner le lard salé avec l'ail, le persil, saler, poivrer, mélanger les pommes de terre ct la persillade.

Façonner de petites crêpes comme la main et d'1/2 cm d'épaisseur. Faire cuire à la poêle chaude et bien huilée 20 mn de chaque côté.

Les milhassous servent d'accompagnement pour tous les civets et les viandes en sauce.

Chou farci

Ingrédients pour 6 personnes :

1 gros chou frisé
300 g de chair à saucisse
1 poignée de mie de pain trempée dans du lait
1 œuf
persil, 2 oignons
1 gousse d'ail
2 ou 3 carottes
1 tranche de lard maigre
graisse d'oie
1 cuillère à soupe de farine

Temps de préparation : 20 mn
Temps de cuisson : 1 h

Prendre un gros chou frisé, le laver et laisser les feuilles entières. Les plonger ensuite pendant 5 mn dans de l'eau bouillante salée, les égoutter et les étaler.

Préparer une farce en malaxant avec la chair à saucisse la mie de pain, le persil et 1 oignon haché fin. Ajouter 1 œuf pour lier le tout. Saler et poivrer.

Disposer la farce dans les feuilles puis bien resserrer autour de la farce et les attacher avec du fil de cuisine.

Mettre de la graisse dans une cocotte en fonte avec quelques morceaux de lard maigre. Y mettre le chou, le faire dorer sur les deux faces et le retirer.

Lier avec de la farine, mettre 1 oignon entier, 2 ou 3 carottes épluchées, rajouter le chou et de l'eau salée (à mi-hauteur du chou).

Couvrir et laisser cuire à feu doux pendant 1 h.

Escargots

Recette à commencer 2 jours à l'avance.

Ingrédients pour 6 personnes :

9 douzaines d'escargots
(de Bourgogne ou des petits-gris)
300 g de beurre
3 gousses d'ail
1 poignée de mie de pain trempée dans du lait
1 bouquet de persil
sel, poivre

Temps de préparation : par tranches d'1 h : 1/2 journée
Temps de cuisson : 15 mn

Faire jeûner les escargots pendant 2 jours, les mettre à dégorger dans un récipient couvert pendant 1 h 30 dans 2 l d'eau salée et fortement vinaigrée. Les laver longuement à plusieurs eaux.

Les mettre à cuire 5 à 6 mn dans de l'eau bouillante salée.

Les égoutter, les retirer des coquilles avec une aiguille et ôter l'extrémité noire de chaque escargot.

Laver les coquilles dans de l'eau très chaude et les faire sécher.

Mettre les escargots dans un court-bouillon, les laisser cuire 1 h puis les égoutter et les réserver.

Hacher très fin l'ail et le persil, mêler au beurre et à la mie de pain trempée dans du lait et essorée, saler, poivrer.

Mettre un peu de cette farce dans chaque coquille, remettre l'escargot, et boucher en remettant de la farce.

Placer les escargots dans un plat et mettre à four moyen (5/6) pendant 15 mn minimum. Servir bouillant.

Gigot d'agneau

Ingrédients pour 6-8 personnes :

*1 gigot d'1 bon kg
1 gousse d'ail
sel, poivre
persil*

*Temps de préparation : 5 mn
Temps de cuisson : 1 h et 10 mn de repos*

Mettre une gousse d'ail dans la souris. Saler, poivrer et mettre à four très chaud (6/7) pendant 1 h. Laisser au chaud 10 mn de plus avant de découper.

Saupoudrer de persil et servir avec des haricots verts ou des haricots blancs.

Pain de Pâques

Ingrédients pour 6 personnes :

*1 kg de farine
200 g de sucre
6 œufs
100 g de beurre
1 verre de lait
1 paquet de levure de boulanger (42 g)
1 cuillère à soupe d'apéritif anisé
1 pincée de sel*

*Temps de préparation : 45 mn et 2 h de repos
Temps de cuisson : 70 mn*

Faire un puits avec la farine, y ajouter successivement : le sucre, les œufs, l'anis, le lait avec le beurre fondu, la levure diluée avec 2 cuillères à soupe de lait tiède et le sel. Il est indispensable de pétrir au moins 1/2 h (moins si vous utilisez un robot). Mettre la boule obtenue dans un moule huilé et fariné. Faire lever 2 h dans un endroit chaud (la pâte doit alors remplir le moule). Mettre à cuire à four très chaud (7) les 20 premières minutes, puis à 4 pendant encore 50 mn. La croûte doit être presque brûlée.

Ce pain de Pâques se mange tiède ou froid, pour accompagner un dessert : confiture ou crème. Il se conserve très bien.

Le bonheur que procurent les semis de printemps est sans rapport avec celui que donnent les semailles d'automne. Quoi qu'on fasse, et même si on met tous les atouts de son côté — c'est-à-dire en ne négligeant aucune façon culturale et aucun fertilisant —, les graines d'automne sont longues à occuper le terrain, à le couvrir. Il est vrai que même leur germination, souvent freinée par la fraîcheur des nuits et le froid qui s'insinuent en terre, est moins rapide.

Rien de comparable au printemps. Dès le labour aéré par un vigoureux coup de herse — l'alternance gel-dégel a déjà fait un excellent travail —, le champ est prêt. Pleuvent alors les graines. Et si, par chance, une tiède eau de printemps vient arroser l'ensemble, c'est presque le miracle ! Tout germe, s'épanouit, croît, transforme une terre nue en une foisonnante toison verte.

Quant aux prairies, déjà en place, c'est tout juste si on ne les entend pas pousser ! Le savent bien les citadins, possesseurs de résidences secondaires, condamnés à la corvée hebdomadaire de la tondeuse à gazon ! Sitôt son moteur arrêté et la pelouse ratissée, l'herbe reprend le dessus ; c'est, en cette saison, sa raison d'être.

Dans les potagers le spectacle aussi mérite le détour. Là, c'est à qui germera le plus vite, s'étalera le plus rapidement.

Malheur aux semences retardataires, elles risquent l'étouffement.

Mais toute cette fantastique et générale pousse n'a pas que des avantages, les mauvaises graines aussi tentent leur chance et cherchent à gagner, elles y parviennent sans peine pour peu que l'homme baisse les bras.

J'ai vécu l'époque où les désherbants chimiques n'étaient pas assez sélectifs pour être aussi largement employés qu'ils le sont aujourd'hui. S'imposaient alors la sarcleuse, tirée par un âne ou un cheval, ou la binette, et l'huile de coude ! Je ne pousserai pas le vice jusqu'à dire que c'était le bon temps.

Il n'empêche que s'établissait alors entre l'homme et la terre un contact intime, physique, qui tend à disparaître. De plus nul grincheux ne pouvait alors accuser les agriculteurs de polluer les nappes phréatiques. Et même si le sarclage manuel était épuisant et redoutable pour les reins, il y avait toujours une sorte de plaisir à dégager adroitement, en quelques coups de tranche, les plants de haricots, de tomates ou de melons, menacés d'asphyxie par une invasion de plantain, d'ivraie vivace ou de rumex. Un plaisir aussi à butter amoureusement les rangées de pommes de terre, ces *Belles de Fontenay* ou ces *Harley roses* déjà évoquées. Une joie enfin, arrivé en bout de rangée, de se retourner pour apprécier son travail, comparer la terre nettoyée à celle qui attendait l'outil et se dire que l'on n'avait pas volé sa soupe ! Enfin, je le répète, au risque de passer pour radoteur, les légumes ainsi cultivés, choyés, cajolés, avaient une saveur à nulle autre pareille !

Mais tout n'est pas perdu. En dépit — ou à cause — des invasions légumières dont on nous abreuve en toute saison, nombre de fermes corréziennes cultivent encore leur jardin potager. Car si, comme je l'ai dit plus haut, l'exploitation des parcelles à primeurs a presque partout été abandonnée, pour cause de non-rentabilité, celle du potager demeure, pour cause de gourmandise !

En Limousin, nous aimons les bons légumes, ceux qui ont leur qualité propre, leur spécificité, leur originalité. Nous aimons les carottes qui sentent la carotte et les poireaux à goût de poireau. Et ce n'est pas chez nous qu'on fera passer un plat de mangetout pour un plat de haricots verts ; l'un et l'autre sont bons, mais chacun tire son goût de sa différence.

C'est dire si nous tenons pour éminemment suspects — et pour ne citer qu'eux — tous ces prétendus fruits rougeâtres qu'on nous propose hors saison — y compris à Noël ! — et qui n'ont de tomates que l'orthographe ! Des tomates ces choses sans odeur, ni saveur, ni texture ? Des tomates, ces sortes de globuleuses et insipides réjections de papier mâché ?

Allons donc ! Le prétendre serait hilarant si personne n'essayait de nous faire croire qu'elles sont savoureuses, pour ne pas dire excellentes ! Comment le seraient-elles, ces minables imitations ? Cultivées en serre, sur laine de roche ou autres substrats, abreuvées d'un jus chimique finement dosé pour que ne ressorte pas trop sa pestilence pharmaceutique, traitées, retraitées, surtraitées, chauffées, forcées, elles ne voient jamais le soleil et ne peuvent élaborer, en leurs tristes flancs, que les tristes produits dont on les gave ! Mais je ne voudrais couper l'appétit de personne...

Quant à moi, et je n'en démordrai pas, j'estime que les légumes et les fruits ne sont succulents qu'à l'époque où ils poussent naturellement chez nous. C'est dire la répulsion que m'inspirent les tomates, concombres, melons — voire fraises — qu'on nous propose au jour de l'an !

D'ailleurs, essayez donc de faire un plat de tomates farcies avec ces fruits anémiques et aqueux aux relents d'officine. Ils sont déjà immangeables crus, pourquoi se bonifieraient-ils à la cuisson ? A moins que, comble de la perversité, en les arrosant de ketchup...

Allons, ne nous écœurons pas davantage, les véritables, charnues mais juteuses, parfumées tomates existent. Elles poussent en pleine terre, se gorgent au soleil d'été et sont exquises, aussi bien crues que cuites. Elles ont noms : *Marmandes, Pierrettes, Trophy, Merveille des marchés* ! Elles demandent une terre riche, des sarclages, des pinçages, un entretien généreux et attentif.

Pourquoi le taire, j'ai, moi aussi, mon jardin potager et j'y tiens. Veuillez donc m'excuser si j'abrège ce paragraphe. J'ai, dans l'immédiat, quelques soins à donner à mes plates-bandes et, comme je n'emploie pas de désherbant chimique, le sarclage de mes tomates m'attend !

Potage aux concombres

Ingrédients pour 6 personnes :

3 ou 4 concombres de plein champ
3 pommes de terre
2 oignons
sel, poivre
quelques feuilles de menthe (facultatif)

Temps de préparation : 10 mn
Temps de cuisson : 20 mn

Éplucher et blanchir les concombres, les réserver.

Faire cuire les oignons et les pommes de terre 10 mn à l'eau bouillante salée et poivrée.

Ajouter les concombres et faire cuire 10 mn de plus.

Mixer et servir avec du gruyère râpé et quelques feuilles de menthe fraîche.

Omelette à l'oseille

Ingrédients pour 6 personnes :

1 grosse poignée d'oseille
12 œufs
sel, poivre
1 œuf de beurre

Temps de préparation : 5 mn
Temps de cuisson : 15 bonnes minutes

Laver et équeuter l'oseille. La couper en lamelles dans un récipient et y ajouter les œufs battus.

Faire chauffer la poêle avec le beurre et verser le mélange.

Mettre à feu doux et surveiller la cuisson. Retourner l'omelette au bout de 8 mn et laisser cuire 8 mn de plus. Servir aussitôt.

Légumes farcis

La farce de mes grands-mères :

Ingrédients pour 6 personnes :

*1 grosse poignée de mie de pain
1/2 verre de lait
1 œuf
500 g de chair à saucisse
1 gousse d'ail
persil
sel, poivre*

*Temps de préparation : 15 mn
Temps de cuisson : 1 h*

Faire tremper la mie de pain dans le lait puis malaxer avec les autres ingrédients.

Cette farce s'utilise dans toutes les recettes de légumes farcis.

Tomates farcies

Ingrédients pour 6 personnes :

*12 belles tomates de pleine terre,
bien mûres mais fermes
600 g de farce (voir recette ci-dessus)
sel, poivre*

Ménager une cavité autour du pédoncule et garnir un plat à four avec les tomates ainsi préparées.

Saler la chair à vif, garnir de farce en faisant un dôme.

Mettre à four chaud (6/7) 1 bonne heure. Ces tomates ainsi préparées se suffisent à elles-mêmes.

Courgettes farcies

Ingrédients pour 6 personnes :
12 courgettes de taille moyenne
600 g de farce
1 ou 2 verres de bouillon
sel, poivre

Ne pas éplucher les courgettes et creuser une cavité dans le sens de la longueur (la chair prélevée peut être réincorporée à la farce).
Ranger les courgettes dans un plat à four, les saler et remplir le creux de farce.
Verser 2 verres d'eau ou de bouillon dans le fond du plat et mettre à four chaud (6/7) 1 bonne heure.

Cornichons de mon jardin

Laver les cornichons, les égoutter et en couper les extrémités. Les aligner pendant 24 h dans un plat creux avec beaucoup de gros sel.
Le lendemain essuyer les cornichons avec un torchon puis les ranger dans un bocal. Ajouter ensuite 2 ou 3 grains de poivre noir, une tige de thym ou de sarriette et les couvrir de vinaigre d'alcool à 8°.
On peut également y ajouter des petites tomates vertes ou des petits oignons blancs.
Conserver les bocaux à l'abri de la lumière et attendre au moins une année avant de consommer vos cornichons.
Comme la confiture, les cornichons gagnent à vieillir.

Je ne saurais dire pourquoi mais, dans ma mémoire, l'événement qu'était la fabrication du pain a toujours lieu au printemps. Je n'ignore pas que c'est une de ces aberrations qui se glissent parfois dans les souvenirs puisque nous faisions notre pain toutes les trois semaines. Mais les images sont là, immuables. Et lorsqu'elles me reviennent, elles sont toujours porteuses de détails qui les placent en un tiède après-midi de mai ou de juin.

Je revois, autour de notre four, cerné de lilas, de sureaux et de noisetiers, tout ce vert cru et violent que le printemps sécrète et qui ne dure d'ailleurs pas, vite adouci par le soleil et la chaleur. Et je hume aussi l'odeur si prenante des prairies en pleine croissance et des gros tilleuls en fleur, où s'enivrent les abeilles.

Aujourd'hui, on fait le pain ! Tout a débuté assez tôt ce matin et ce sont les chiens qui ont compris les premiers lorsque Louis, le maître d'œuvre, leur a lancé — vestige de la dernière fournée — les brisures grises et dures de pâte sèche qu'il venait de racler dans le pétrin.

Torse nu, car l'affaire s'annonce rude, il a ensuite vidé un mont Blanc de farine dans le pétrin, a savamment dosé son eau (de notre source, bien entendu !), préparé son sel dans un gros bol, s'est assuré que le levain était prêt et s'est lancé dans le pétrissage.

Spectacle étonnant, cet homme costaud, lourd de muscles, en train de se coltiner avec une montagne de farine humide qui résiste de toute son inertie, s'accroche à ses poignets, se colle à ses mains, oppose aux doigts qui la malaxent une gluante et très efficace défense.

C'est vite en sueur, et avec des ahanements de bûcheron, que Louis plonge et replonge les bras dans cette sorte de plâtre odorant, le torture, le modèle peu à peu à sa convenance, l'aère, transforme ce qui n'était d'abord qu'un magma en une pâte souple, prête à gonfler sous la poussée du levain qui l'ensemence.

Allons, encore quelques énergiques brassages pour parfaire l'opération, quelques claques magistrales et autres assouplissements pour traquer les éventuelles et sournoises poches de farine presque sèche, si désagréables, plus tard, sous les dents.

Et toujours, depuis le début du travail, les gouttes de sueur qui emperlent le torse et le front, qui ruissellent, chutent enfin et disparaissent, happées par la masse blanche. Maintenant, la pâte est prête, onctueuse à souhait, légère, odorante. Elle commence déjà à travailler, à enfler sous l'édredon qui la chapeaute et la réchauffe pendant que Louis refait ses forces en puisant dans un assortiment de grillons, de jambon et autres cochonnailles. Devant lui, sur la toile cirée, s'amenuise le dernier quignon de la dernière tourte, cuite voici trois semaines. Le pain est maintenant sec et dur, mais toujours savoureux ; coupé en fines tranches, il est idéal pour bonifier la soupe de légumes.

Restauré, après avoir généreusement enfariné les torchons qui enveloppent les bannetons, Louis tranche et puise dans la masse en fermentation. D'un coup d'œil, il mesure le volume et le poids de pâte qui, ce soir, après la cuisson, donnera des tourtes de dix livres.

Alignés sur la maie, couverts comme des nouveau-nés, les bannetons, lourds de promesses, attendent maintenant que se poursuive en eux la gestation de la pâte. Elle va s'animer, gonfler, se creuser de bulles, grossir, menacer même de s'échapper des moules de paille qui la façonnent. Désormais, le sort en est jeté, plus rien ne peut l'améliorer. Toute frémissante de la fermentation qui la travaille et la transforme, elle sera bientôt bonne pour la cuisson. Il est temps de s'occuper du four.

Gueule ouverte sur l'antre sombre et voûté où tout va se jouer, le four est prêt. A ses côtés, alignés comme des condamnés au pied du bûcher, attendent les gros fagots de genêts. Coupés depuis des mois, ils sont secs comme de la poudre à fusil et dégageront, en quelques instants, la terrifiante chaleur dont vont se gorger les briques qui forment le cœur du four, son âme.

Poussés un à un à bout de fourche dans le foyer, tassés, bâillonnés par une gerbe de paille enflammée, ils

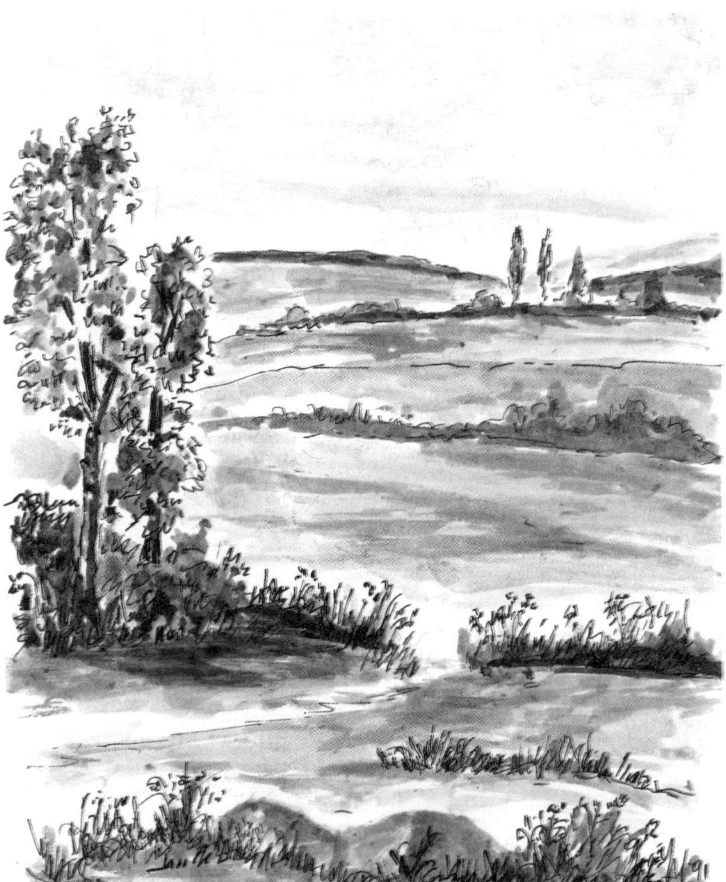

s'embrassent en un sourd ronflement qui enfle, gronde, devient d'enfer, tandis que de la cheminée trapue tourbillonnent par saccades des volutes de fumée noire, parfois moirée de roux, odorantes comme un incendie de forêt. Et toujours, dans la bouche avide du four qui exhale un insupportable souffle de volcan en colère, disparaissent les fagots. Sitôt posés, sitôt avalés, ils grésillent et s'évanouissent dans la grondante fournaise. Encore quelques minutes d'intense chauffage et tout sera bon.

Vite réduit à un gros tas de braises incandescentes qui palpitent en de longs feux follets rougeâtres, le feu se calme, fait le dos rond, rampe. Poussées au fond du four, les braises laissent la sole nette, bouillante, apte à recevoir les grosses miches blanches que deux prestes coups de couteau ont marquées du signe de la croix, comme pour narguer la géhenne où on les précipite, en tirer profit et la vaincre.

Alors, soudain, l'odeur de feu qui planait alentour depuis la naissance du brasier disparaît, évolue, se charge de tous les appétissants effluves que dégage le pain en train de cuire.

Et, plus tard encore, lorsque les miches seront presque à point, brunes et craquantes, et qu'il ne leur manquera que quelques instants de cuisson supplémentaires, l'air se chargera d'un autre parfum. Celui des tourtes à la viande, voire même, suivant la saison, des énormes plats de pommes de terre ou de tomates farcies et, toujours, des tartes à la confiture, lourdes de graisse de porc, qui viendront profiter de la chaleur maintenant plus supportable du four qui s'endort.

Ce soir, on festoie au pain frais !

Pâté de pommes de terre

Ingrédients pour 8 personnes :
250 g de pâte feuilletée
500 g de Bintje précuites à l'eau bouillante
300 g de farce de mes grands-mères
cognac
2 cuillères à soupe de crème fraîche
1 jaune d'œuf
sel, poivre

Temps de préparation : 30 mn
Temps de cuisson : 35 mn

Éplucher et couper finement les pommes de terre, les mettre dans un plat, saler et poivrer.
Préparer une farce (voir p. 115) en ajoutant 1 cuillère de cognac.
Etaler la pâte feuilletée (voir ci-dessous) pour faire un rectangle. Disposer au milieu de ce rectangle une couche de farce, une couche de pommes de terre, etc., il faut finir par une couche de pommes de terre. Rabattre les morceaux de pâte afin d'obtenir un cube hermétique. Faire un trou au centre pour que la vapeur s'échappe pendant la cuisson. Dorer le dessus avec un jaune d'œuf et mettre à four chaud (7) pendant 35 mn.
En fin de cuisson rajouter la crème fraîche par la cheminée et servir aussitôt.
Ce pâté peut aussi se manger froid avec une salade.

Pâte feuilletée

Ingrédients pour 6 personnes :
400 g de farine
300 à 400 g de beurre
2 dl d'eau froide
sel

Temps de préparation : plusieurs heures
Temps de cuisson : 35 mn

Faire la détrempe avec la farine, l'eau, 50 g de beurre et le sel. Pétrir vivement et laisser reposer 20 mn.

Étendre la détrempe en carré d'environ 25 à 30 cm, la pâte doit rester épaisse au milieu.

Mettre le beurre en motte épaisse de 15 cm environ de côté.

Le beurre doit avoir la même consistance que la détrempe (en hiver le ramollir en le pressant dans les mains ou en l'aplatissant au rouleau, en été le refroidir). Refermer la pâte et laisser reposer quelques minutes.

Donner à la pâte une forme allongée de manière à obtenir un rectangle trois fois plus long que large. Replier en trois le pli à droite (cela s'appelle donner un tour).

Laisser reposer 10 mn et recommencer trois fois cette opération. Étendre la pâte à la forme voulue. Dorer au jaune d'œuf (attention de ne pas mettre de jaune sur les côtés).

Mettre sur une tôle beurrée et farinée.

Tarte aux prunes de Perpezac-le-Blanc

Ingrédients pour 6 personnes :

250 g de farine
100 g de beurre
ou de crème fraîche
3 cuillères à soupe de crème cuite *
pincée de sel
500 g de reines-claudes

Temps de préparation : 30 mn et 1 h de repos
Temps de cuisson : 35 mn

---

* Le lait de ferme est toujours consommé bouilli, on recueille à froid une crème cuite épaisse qui sert à la fabrication de tartes et de gâteaux succulents.

Faire une pâte brisée : triturer la farine et le beurre, ajouter la crème cuite (à la place de l'eau). Amalgamer le tout en boule et laisser reposer 1 h.

Si vous aimez les pâtes minces, étaler au rouleau, sinon étaler sur la tôle avec les pouces.

Dénoyauter les prunes et les disposer le plus serrées possible sur le fond de tarte.

Faire préchauffer le four à 6 et mettre à cuire 35 mn. Saupoudrer de sucre en fin de cuisson.

Tarte aux fraises

Ingrédients pour 6 personnes :

250 g de farine
75 g de sucre fin
100 g de beurre
1 œuf
250 g de fraises
1/2 l de crème pâtissière

Temps de préparation : 30 mn et 1 h de repos
Temps de cuisson : 10 mn

Faire une pâte sablée : mélanger la farine et le sucre, sabler avec le beurre, amalgamer avec l'œuf. Rouler en boule et laisser reposer 1 h.

Tapisser un moule à tarte avec les doigts, piquer la pâte avec une fourchette et faire cuire à blanc pendant 10 mn à four chaud (6). Laisser refroidir.

Recouvrir avec la crème pâtissière (voir recette p. 124) froide et les fraises.

Crème pâtissière

Ingrédients pour 6 personnes :
1 l de lait entier
150 g de sucre semoule
60 g de farine
4 œufs

Temps de préparation : 10 mn
Temps de cuisson : 2-3 mn

Mélanger dans un saladier la farine, le sucre et les œufs. Faire bouillir le lait et le verser sur le mélange tout en remuant.
Mettre sur le feu et porter à ébullition sans cesser de remuer. Laisser cuire quelques minutes.

Cette crème peut se manger nature accompagnée d'un gâteau, ou bien servir de fond pour certaines tartes.

De nos jours, c'est au ronflement des tracteurs, au chant de grosses toupies des faucheuses rotatives et à la grave, caverneuse et bruyante déglutition des presses à fourrage que s'annonce l'époque de la fenaison.
Dans la campagne, tout ronronne, tout cliquette, tout s'affaire, et c'est par pans entiers que d'immenses carreaux de paysage changent d'aspect en quelques heures. D'un vert sombre et ondulant au matin, ils sont déjà figés et vert pâle au soir, transfigurés par la coupe.
Tout va très vite et c'est bien ainsi car, modernité oblige, la campagne de foin est devenue une sorte de course contre la montre, contre le temps. C'est après avoir téléphoné à la météo régionale, qui assure trois jours de soleil, que l'on saute sur son tracteur et que l'on se jette dans la prairie pour coucher au plus vite quelques hectares d'artificielle. Elle doit être pressée et hors de pluie si l'orage arrive, à l'heure annoncée, ou presque !
Autres temps, autres mœurs, mais Dieu que tout s'est

accéléré en moins de quarante ans ! Aussi passent sans doute pour des dinosaures ceux qui, dans les années 50, fauchaient encore nos pentes corréziennes à la main ! Car, en ces temps, c'est au bruit des marteaux battant les faux sur les petites enclumes portables que débutait la saison des foins. Elle était longue, épuisante et s'étirait parfois jusqu'aux moissons. C'est dire s'il ne faut pas se plaindre de son évolution !

Comme chacun sait, il y avait déjà, à l'époque — et depuis longtemps —, des faucheuses mécaniques, tractées par une paire de bœufs ou de vaches. Mais elles ne pouvaient passer dans toutes les pentes, restait donc la faux pour nettoyer celles-ci.

Quel travail ! Et que les poètes ou les nostalgiques qui trouvent ça sublime s'y attellent, ils changeront vite de chanson.

Il me souvient de ces petits matins ensoleillés où l'on s'attaquait à la pente abrupte qui vient mourir au pied de la ferme. Pas à pas, bien campés sur nos jambes, en d'amples balancements de tout le corps, nous ouvrions de larges saignées dans l'herbe grasse et la couchions en andains réguliers d'où fusaient les sauterelles. Souvent, très souvent, il fallait affûter la lame car de son fil dépendait la bonne coupe. Adroitement promenée sur la faux, la pierre de grès humide faisait alors chanter l'acier d'une plainte cadencée. Son office fait, elle reprenait place dans le coffin, bourré d'herbe mouillée, suspendu à la ceinture. Et la faux s'envolait de nouveau, régulière et sifflante.

Ainsi, peu à peu, heure après heure, était coupée la partie la plus escarpée de notre pré. L'affaire n'était pas réglée pour autant car, dans les jours suivants, venait le fanage. Sévissait alors dans nos campagnes le principe — absurde au demeurant mais qui s'expliquait par la hantise des incendies dus à la fermentation d'un fourrage mal séché et trop vite engrangé — exigeant que le foin ne soit rentré que sec et cassant, très sec et très cassant. Plusieurs jours de soleil étaient alors indispensables pour atteindre cette dessiccation. C'est dire si un fanage répété était nécessaire.

On a beaucoup cité, à ce sujet, certaine dame de lettres, bien en cour, je n'y reviendrai pas. Tout au plus, pour mémoire, rappellerai-je que nous effectuions cette opération à la main, c'est-à-dire à la fourche et au râteau en bois. Faner, ratisser, andainer, mettre en meulon, et ce sous un soleil de juin, est un exercice qui, lui aussi, donne un appétit d'ogre, une faim de loup. C'est alors que le casse-croûte du matin, vers huit heures, était le bienvenu. Et bienvenu aussi le repas de midi. Il n'avait rien de commun avec les petites collations légères, pâlottes et fadasses qu'on nous recommande maintenant au nom du cholestérol, de la cellulite, de la tension, que sais-je encore.

Non, nos « en-cas » et nos repas d'alors tenaient au corps, redonnaient force et courage et permettaient surtout de poursuivre aussi longtemps que nécessaire la si lente et si fatigante fenaison. Car si la fauche et le fanage étaient éprouvants, rentrer le foin bouillant dans les greniers surchauffés devenait un exercice que l'on n'oublie pas !

J'ai encore en mémoire l'odeur si particulière, et souvent si désagréable et irritante pour la gorge, des fenils, chauds comme des fours, où nous entassions le foin. Et je revois toujours, dans les rais de lumière qui filtraient parfois à travers deux ardoises déplacées, l'impressionnant et suffocant bouillonnement de la poussière de foin en suspension.

Jambes et bras griffés par les tiges dures et craquantes des centaurées, des marguerites, voire des achillées — nous n'avions alors que des prairies naturelles, c'est-à-dire porteuses du meilleur et du pire ! —, nous sortions de cette fournaise en suffoquant. Gris de poussière et ruisselants de sueur, c'est tout juste si la température extérieure ne nous paraissait pas fraîche, tout juste supportable ! Et pourtant, si j'en crois une tradition bien installée, n'assure-t-on pas que les étés de jadis étaient beaucoup plus chauds et beaux que ceux de maintenant ? Il est vrai que l'on assure aussi que les hivers étaient plus froids, les printemps plus beaux et précoces et les automnes plus cléments !

Trêve de plaisanterie, une chose est certaine, la façon dont nous faisions les foins n'avait que de lointains points

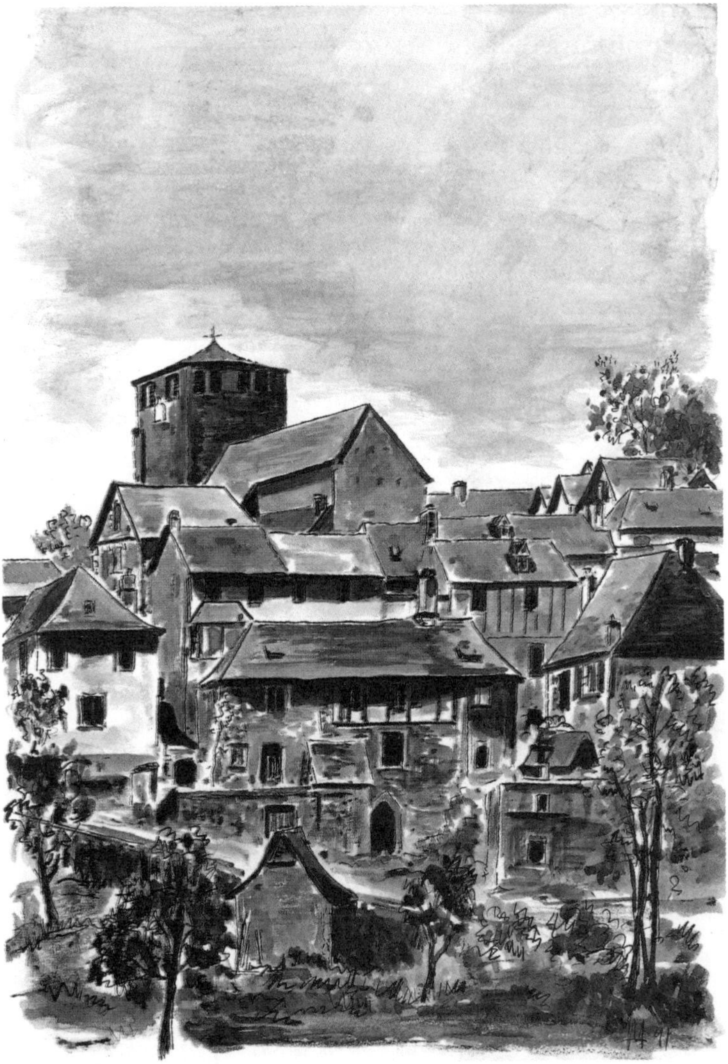

communs avec ce qui se pratique maintenant. Mais, surtout, que nul n'aille me faire dire que je regrette les fenaisons de jadis.

Quoique, en y réfléchissant bien, force m'est de reconnaître que je regrette quand même un peu les petites récréations que nous nous offrions parfois, lorsque le plus gros du travail était fait.

Nous possédions alors un pré de vallée que bordait, sur toute sa longueur, un ruisseau nonchalant. Il tirait sa flemme en musardant à l'ombre des vieux aulnes, des peupliers d'Italie et des gros saules creux dont les racines reptiliennes plongeaient dans les trous glauques où frétillaient les garlèches. A leur sujet, je dois préciser qu'en Corrèze nous aimons nous singulariser en usant d'un vocabulaire très local ; les garlèches ne sont que des vairons, poissons insignifiants s'il en est !

Insignifiants pour les béotiens, autant le dire tout de suite, car les pêcheurs savent bien que la présence de ces petits cyprinidés indique très souvent celle des truites, très gourmandes de ce menu fretin...

Ah ! les truites de nos ruisseaux, en ces temps où les traitements chimiques, engrais, lessives et autres vomissures de machines à laver la vaisselle n'avaient pas encore tout empoisonné et où nos plus modestes rus, zigzaguant dans les prés, accueillaient les farios en quête de sauterelles.

Précisons tout de suite que la fario est une truite qui n'a que de très lointains points communs avec les grosses loches blêmes et fadasses que l'on commercialise maintenant. Pour persuader les clients que ce sont des poissons, on y laisse quelques arêtes et, dans les restaurants, on y ajoute même des brisures d'amandes pour nous prouver que l'appellation figurant sur le menu est méritée ! Éludons, on ne va quand même pas se rendre malades ! Oublions donc ces salmonidés de bassin, élevés à la farine de poisson et de viande et au sang séché, et revenons aux truites corréziennes qui peuplaient jadis nos ruisseaux.

Nerveuses, toujours sur le qui-vive, elles fuyaient à la

moindre alerte en zébrant l'eau d'un trait d'argent et filaient à l'abri des grosses souches où, craintives, se cachaient déjà des colonies d'écrevisses. Les approcher sans les faire fuir relevait de la prouesse, les attraper tenait du grand art.

Edmond, un ami et voisin souvent présent sur la ferme, alliait ces deux indispensables talents. Soleil dans le dos, mais en surveillant bien où portait son ombre, pas à pas et d'un pied le plus léger possible, il se coulait le long du ruisseau en scrutant son lit. Cœur battant, souffle court, déjà béat d'admiration car je connaissais la suite et la trouvais toujours superbe, je l'observais à distance pour ne pas le gêner dans son approche.

Et, soudain, il découvrait sa proie et se bloquait comme un épagneul à l'arrêt. La truite était là, devant lui, nez dans le courant, palpitant à peine au gré du flot qui flûtait dans les galets, ventre à ras du sable blond, magnifique mais tellement attentive et prête à s'évanouir d'un coup de queue !

C'est alors que se révélaient toute la maîtrise et l'habileté du cueilleur. Oui, c'était vraiment une cueillette, à la pointe du râteau, que se permettait notre braconnier d'occasion. Avec une lenteur exaspérante tant chacun de ses gestes s'éternisait, il descendait peu à peu son râteau de bois à hauteur de l'eau. Doucement, de plus en plus doucement, il approchait les dents de châtaignier du ventre de la truite...

Surtout, rien de brusque ! Pas de gestes inconsidérés, ni de bruit ; mais une patience de héron à l'affût et une précision de martin-pêcheur ! Car tout se jouait en une fraction de seconde, en un puissant geste des bras qui, d'un ample geste circulaire de faucheur, poussait l'outil sous la fario et la propulsait hors de l'eau en direction du pré où elle chutait, déjà vaincue, dans le foin sec...

Que me pardonnent tous les gardes-pêche et autres représentants de l'ordre, il fut des soirs de juin où je fus complice — car témoin — de ce genre de pêche peu banal. Mais efficace car Edmond s'arrêtait rarement avant la demi-douzaine de poissons. C'était il y a quarante ans, que tombe donc la prescription.

Peu importe, d'ailleurs, je n'ai aucun remords en pensant à ces petits intermèdes hors la loi qui venaient égayer nos après-midi de fenaison. Et je pousse même l'ignominie jusqu'à déplorer leur disparition, mais à quoi bon perdre son temps à chercher des truites dans des ruisseaux pollués ?

De même, je déplore aussi un peu de ne pas retrouver la saveur que prenaient le pâté maison, le jambon et les œufs durs, la salade de tomates, le fromage blanc et le « trempille » revigorant (assiette de vin très sucré dans laquelle on coupe de larges mais fins copeaux de pain sec) avalés à l'ombre fraîche des châtaigniers ou des gros chênes qui bordaient nos prés lorsque, selon la formule consacrée, nous faisions « quatre heures ». Il était alors beaucoup plus près de dix-neuf heures que de seize heures, mais qu'importe, c'était toujours le moment du « quatre heures », donc du casse-croûte !

Cassoulet de Bernadette

A préparer la veille.

Ingrédients pour 6 personnes :
300 g de saucisson à l'ail
6 côtes de porc fines
500 g de saucisses minces
1 confit d'oie ou de canard
1 kg de haricots blancs frais
3 carottes
1 oignon, 1 gousse d'ail
un peu de coulis de tomates (voir recette p. 139)
persil

Temps de préparation : 1 h (cuisson des haricots comprise)
Temps de cuisson : 3 h minimum

Faire cuire les haricots blancs, les carottes coupées en rondelles, l'oignon, le persil et l'ail pendant 2 h à l'eau bouillante salée (1/2 h en autocuiseur).

Dans la poêle où l'on a précédemment fait dégraisser le confit (quelques minutes), faire revenir les côtes de porc et les assaisonner. De la même manière, faire revenir les saucisses dans une autre poêle.

Tapisser un plat à four de saucisson à l'ail coupé en fines rondelles. Le recouvrir avec les haricots et poser dessus les saucisses et les côtes de porc. Émietter le confit sur la préparation, déglacer la poêle au coulis de tomates et en recouvrir le plat.

Mettre au four 4 pendant 3 h au minimum.

Réchauffé c'est encore meilleur.

Rôti de veau

Ingrédients pour 6 personnes :
1 kg de veau fermier dans le quasi
1 petit pot de crème fraîche épaisse (12,5 cl)
le jus d'1 citron
sel, poivre

Temps de préparation : 5 mn
Temps de cuisson : 1 h

Mettre le rôti de veau à four très chaud (7/8) pendant 1 h.

A la fin de la cuisson, ajouter la crème fraîche et le jus d'1/2 citron.

Servir avec des cèpes grillés à la graisse d'oie et des pommes vapeur arrosées du reste du jus de citron et saupoudrées de persil haché.

Carré d'agneau

Ingrédients pour 6 personnes :

1 carré d'agneau d'1 kg
sel, poivre
persil
Temps de préparation : 5 mn
Temps de cuisson : 30 mn et 10 mn de repos

Mettre le carré d'agneau dans un plat à four. Saler, poivrer et persiller.

Faire cuire 30 mn à four très chaud (7/8).

Laisser reposer 10 mn sur la porte du four et découper en côtelettes.

Servir avec des haricots verts ou des pommes de terre cuites à la vapeur.

Pintade de Mathilde

Ingrédients pour 6 personnes :
1 pintade fermière de 1 à 1,5 kg
1 oignon
1 gousse d'ail
1 verre à liqueur d'alcool de pays
graisse d'oie
sel, poivre, persil

Temps de préparation : 15 mn
Temps de cuisson : 1 h

Faire revenir la pintade en cocotte dans la graisse d'oie très chaude. Lorsqu'elle est bien dorée, ajouter le sel et la faire flamber à l'alcool.

Rajouter l'oignon, l'ail, le poivre et le persil. Couvrir et laisser cuire 1 h à l'étuvée.

Cette pintade se sert avec des cèpes et des pommes de terre vapeur citronnées, avec des choux de Bruxelles, ou encore avec du chou à la gadoille (voir p. 73).

Ce volatile si fin s'accommode aussi à merveille avec de la choucroute non garnie.

Truites au beurre et au citron

Ingrédients pour 6 personnes :
6 belles truites, des « fario » de préférence
beurre
2 citrons
farine

Temps de préparation : 30 mn
Temps de cuisson : 20 mn

Vider, nettoyer et sécher les truites. Les fariner de chaque côté.

Mettre une grosse noix de beurre dans une poêle chaude. Y déposer les truites et les faire dorer 10 bonnes minutes de chaque côté.

Les persiller et les aligner sur un plat.

Décorer avec les rondelles de citron et servir aussitôt.

Œufs au lait

Ingrédients pour 6 personnes :

6 œufs
1 l de lait entier
125 g de sucre
1 gousse de vanille

Temps de préparation : 10 mn
Temps de cuisson : 40 mn

Faire bouillir le lait avec la vanille. Battre les œufs avec le sucre et verser le lait bouillant.

Mettre dans un plat à four au bain-marie, et cuire à four 5 pendant 40 mn.

Si vous aimez les desserts plus sucrés, vous pouvez ajouter un caramel léger dans le fond de votre plat avant de verser le mélange bouillant. Faire cuire comme précédemment.

Vin de framboises

Ingrédients :

1 grand bol de framboises
1 l de vin rouge à 12°
1 kg de sucre en morceaux
alcool blanc

Faire macérer pendant 48 h les framboises avec le vin. Filtrer le jus et le mettre dans une casserole avec le sucre. Faire chauffer à feu doux et arrêter aux premiers bouillons. Laisser refroidir, mettre en bouteille et rajouter un verre à liqueur d'un alcool blanc très fort.

Ce vin peut se servir seul, en apéritif ou digestif. On peut également l'utiliser en dessert pour napper de la glace à la vanille accompagnée de framboises fraîches, ou dans des melons. Cette recette est également réalisable avec des cassis.

L'Eté
à Saint-Libéral

Je crois sincèrement que les seules ententes internationales possibles sont des ententes gastronomiques.

Léon Daudet, *Paris vécu.*

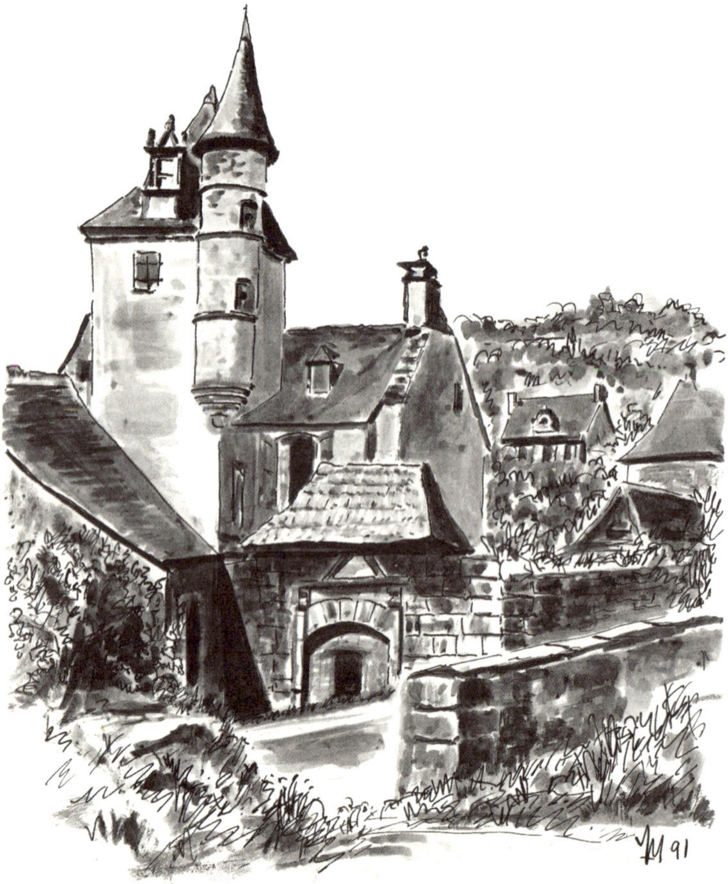

C'est en traversant naguère nos villages du pays de Brive que l'on prenait vraiment conscience du plein été. On le savait déjà bien installé car, les fenaisons tirant sur leur fin, les couleurs du paysage changeaient de jour en jour. A la dominante verdâtre des prairies qui s'amenuisaient sous les lames des faux et des faucheuses succédait peu à peu l'or mouvant des parcelles de céréales blondissant au soleil. Quant aux châtaigniers, ils posaient dans le vert profond des forêts les grosses et palpitantes taches jaunes de leurs rameaux en fleur.

Même les oiseaux, jusque-là si bavards et bruyants, devenaient plus discrets, moins soucieux d'affirmer leur présence par leurs trilles, et ne s'entendait que mieux, dans la touffeur des après-midi, le chant, un peu triste, d'une tourterelle des bois veillant son nid.

Malgré tous ces indices, auxquels s'ajoutait une température suffocante, c'est surtout le parfum de fruits mûrs qui marquait l'épanouissement de l'été. Partout, de Beaulieu à Saint-Robert, de Perpezac-le-Blanc à Turenne, de Pompadour à Curemonte, flottait l'odeur surprenante et douce des fruits en pleine maturité. Et les vergers bruissaient de mille papotages, rires et même, pour finir, soupirs de fatigue des femmes et enfants cueillant les cerises et les prunes, les *Reverchons, Napoléon, Cœur de pigeon*, prunes blanches, prunes de pays, premières *reines-claudes*. Et des paniers et cageots croulant sous les fruits s'élevaient des senteurs si puissantes et sucrées que les abeilles et les guêpes en perdaient leur bon sens. Folles de gourmandise et ivres de sucre, elles zébraient l'azur en des danses insensées, volaient d'un arbre à l'autre, quittaient un panier de prunes pour un cageot de guignes noires, en attente de clafoutis. Parfois même, suivant les fermes, elles s'enivraient dans quelques lopins de fraises, lourds d'effluves sirupeux.

Dans tous les bourgs s'échappaient des caves fraîches où l'on entreposait les fruits jusqu'à l'heure de l'expédition (au petit matin) des arômes subtils et tenaces qui planaient dans les ruelles et les imprégnaient pendant des jours.

Tels sont les premiers souvenirs qui me viennent en mémoire lorsque j'évoque mes étés d'enfance. Ils sont avant tout odorants et sucrés, riches de fruits charnus, prunes juteuses, bigarreaux croquants, fraises fondantes.

Coulis de tomates

Ce coulis se conserve une huitaine de jours et se stérilise très bien, il est donc recommandé d'en cuisiner plusieurs litres à la fois.

Ingrédients :

*tomates bien mûres, de pleine terre
(les acheter au marché lorsqu'elles sont peu chères :
entre juillet et septembre)
oignons (1 oignon pour 1 kg de tomates)
1 bouquet garni
sel, poivre*

*Temps de préparation : 30 mn
Temps de cuisson : 1 h*

Laver et couper en quatre les tomates, les jeter dans une cocotte avec du sel, du poivre, un oignon et le bouquet garni.
Faire réduire en purée et passer au moulin à légumes.

Ce coulis sert à la confection de nombreuses recettes, mais il peut également être dégusté en consommé.

Clafoutis

Ingrédients pour 6 personnes :

*200 g de farine
100 g de sucre
4 œufs
1 cuillère à soupe d'eau-de-vie
1/2 l de lait
500 g de cerises noires*

*Temps de préparation : 15 mn
Temps de cuisson : 1 h*

Faire une pâte lisse et homogène en mélangeant dans une terrine la farine, le sucre, les œufs, puis le lait et l'eau-de-vie.

Tapisser un moule huilé avec les cerises (non dénoyautées), verser la pâte dessus et faire cuire à four chaud (5/6) pendant 1 h.
Le dessus de votre clafoutis doit être bien gonflé et d'un beau brun doré.

Avec les mêmes ingrédients vous pouvez réaliser :
— une *flognarde* en remplaçant les cerises par des pommes, des poires ou des reines-claudes ;
— une *cajasse*, sans fruits, que vous servirez tiède et sucrée délicatement sur le dessus ou avec de la confiture.

Salade de fruits de Corrèze

Ingrédients pour 6 personnes :

1/2 kg de prunes reines-claudes mûres et croquantes
2 pommes et 2 poires coupées en fines lamelles
250 g de sucre
1/2 l d'eau
1 sachet de sucre vanillé
1 cuillère d'eau-de-vie de prune

Temps de préparation : 15 mn

Laver les prunes et les équeuter.
Éplucher les pommes et les poires et les couper en fines lamelles.
Mettre les fruits dans un saladier.
Faire un sirop avec l'eau, le sucre et le sucre vanillé, rajouter l'eau-de-vie et verser le liquide bouillant sur les fruits.
Dès que le mélange est refroidi, le ranger dans le fond du réfrigérateur.
Ce dessert se mange froid et peut se conserver 48 h.

Les confitures

Pour toutes les confitures il faut prévoir une large bassine en cuivre de préférence.
Les confitures se mettent en pot dès la fin de la cuisson, il faut les couvrir aussitôt.

Confiture de fraises

Ingrédients :

fraises et sucre en poids égal

Temps de préparation : 15 mn plus 1/2 journée de macération
Temps de cuisson : 1 h

Choisir des fraises bien mûres. Les nettoyer, les peser et mettre le même poids de sucre.
Faire macérer dans le sucre une demi-journée. Mettre à cuire 1 petite heure.
Au cours de la cuisson enlever régulièrement l'écume qui se forme à la surface.

Confiture de framboises

Ingrédients :

framboises et sucre en poids égal

Procéder comme pour la confiture de fraises. Mais ne faire cuire que 20 mn.

Confiture de prunes

Ingrédients :

*reines-claudes, mirabelles,
prunes d'Ente très mûres
Sucre : compter 750 g de sucre pour 1 kg de prunes*

*Temps de préparation : 30 mn et 12 h de macération
Temps de cuisson : 70 mn*

Laver les prunes et les dénoyauter. Les mettre à macérer dans le sucre pendant une nuit.

Faire cuire de 60 à 70 mn en remuant le plus souvent possible et en écumant. La confiture est cuite lorsqu'elle perle au bout de votre cuillère en bois.

Les gelées

Gelée de cassis, de framboise ou de groseille

Égrener les fruits. Les couvrir d'eau et porter à ébullition. Récupérer le jus, le peser et ajouter poids égal de sucre.

Porter de nouveau à ébullition et laisser cuire 2-3 mn.

Mettre en pot et couvrir aussitôt.

Gelée de coing ou de pomme

Laver et couper les fruits en quatre en laissant les pépins (indispensables pour la gelée). Recouvrir d'eau, mettre le mélange à bouillir.

Égoutter le jus, le peser et mettre poids égal de sucre.

Porter de nouveau à ébullition et laisser cuire 20 mn.

Le jus doit perler au bout de la spatule et devenir rougeâtre.

Mettre en pot et couvrir aussitôt.

Avec les coings réduits en purée et sucrés, faire une compote pour une délicieuse tarte ou de la pâte de coings.

Pour la pâte de coings : peser les fruits, ajouter poids égal de sucre, mélanger et faire cuire (un minimum de 15 mn) en remuant constamment jusqu'à ce que se forme une pâte qui se détache de la cocotte.

Étaler sur du marbre sucré et couper en bâtons.

Les fruits à l'eau-de-vie

Cerises à l'eau-de-vie

Prendre de belles griottes. Les mettre dans un bocal après avoir coupé un peu les queues. Recouvrir avec de l'eau-de-vie, fermer le bocal et laisser reposer trois semaines.

Après ce temps ajouter 400 g de sucre par litre d'eau-de-vie. Bien remuer, fermer et laisser reposer un mois avant de consommer.

Prunes à l'eau-de-vie

Prendre des reines-claudes ou des mirabelles. Piquer chaque fruit de quelques coups d'épingle. Mettre dans un bocal, ajouter de l'eau-de-vie puis 250 g de sucre par litre d'eau-de-vie. Fermer le bocal et laisser reposer six semaines avant de consommer.

Ouvert sur des parfums de fruits, l'été s'affirmait bientôt en générant des senteurs plus fortes, plus terriennes. Avivée par la canicule, s'élevait des champs blonds l'odeur un peu âcre et presque oppressante, car chargée de poussière, des moissons enfin commencées. Odeurs tenaces, mélange de terre sèche foulée aux pieds par les attelages tirant les moissonneuses et de paille bouillante, tranchée à ras de terre, puis exsudant ses divers fumets ; âcres et irritants de l'orge, douceâtres et appétissants du froment, aigrelets et un peu acides de l'avoine et du méteil.

Il me souvient de ces journées de moisson quand le soleil de juillet est si brutal et violent qu'il semble aspirer, en de longues et frémissantes goulées, toutes les effluences du sol, tout le suc de la terre. Dès midi palpitent à l'horizon des ébauches de mirages, des fantômes de vapeurs, qui tressaillent en s'élevant vers un ciel gris plomb, aveuglant de lumière : troubles et évanescentes humeurs, exhalées par les prairies et les éteules roussies, les forêts écrasées de chaleur et comme recroquevillées sur la touffeur suffocante de l'ombre qu'elles engendrent.

C'est alors que le travail est le plus pénible, le plus épuisant. Et c'est en ces moments que les agriculteurs d'un certain âge (ceux qui connurent la traction animale), rivés au siège bouillant de leur moissonneuse-batteuse, se prennent à regretter un peu l'époque où l'on avait pitié des bêtes ! Parce que celles-ci avaient droit au repos pendant les heures caniculaires, nul n'estimait perdre son temps en s'octroyant, comme elles, une bienfaisante sieste.

Reposés, puis rafraîchis d'un seau d'eau sur la tête, restaurés enfin par quelques copieuses salades de tomates aux œufs durs et quelques faisselles de fromage blanc frais, dégoulinant de petit-lait, nous reprenions le chemin des champs lorsque le soleil se faisait moins sévère. Malgré cela, j'ai souvenir du coup de barre qui nous cueillait lorsque nous quittions la pénombre et la fraîcheur de la maison.

Éblouis par la réverbération, assommés par la température, nous liions les bœufs après les avoir fait boire et partions vers la parcelle où nous attendait la faucheuse mécanique. Une Dollé, solide et, pour l'époque, moderne instrument sur lequel nous adaptions une machine à moissonner ; système qui permettait de confectionner des javelles, c'est-à-dire de grosses brassées de céréales. Et, là encore, je risque de faire figure d'ancêtre si j'ajoute que, pour pratique qu'ait été cet appareil, il façonnait les javelles mais ne les liait pas !

Aussi, femmes et enfants devaient galoper derrière lui pour assembler, puis nouer à la main, grâce à un gros lien d'alfa, des gerbes de huit à dix kilos. Et nous devions faire vite car il fallait que le passage soit dégagé avant le retour de l'attelage.

Redoutable exercice qui brûlait et piquait les mains, les avant-bras et même le genou servant à bloquer la gerbe contre terre pendant le liage. Alors, passent encore les champs de froment que n'avaient pas envahis les chardons et autres méchantes herbes, mais lorsque, par malheur, nous arrivions dans un carreau parasité, c'était un cauchemar ! Très désagréables aussi les champs d'escourgeon et de seigle, aux épis barbus, méchants comme des pelotes d'épingles ! Et pourtant, vaille que vaille, au rythme du pas des bœufs, qu'accompagnait le cliquetis de la bielle et de la lame glissant dans son support, nous venions à bout de la parcelle.

Il est vrai que les champs n'étaient pas grands chez nous

et qu'un lopin de blé d'un hectare vous classait parmi les rares et riches propriétaires ! Aussi, quelle fierté et quel bonheur lorsque, après l'avoir mis bas, sans en perdre un épi, on édifiait les meules en d'impeccables alignements. Douze gerbes en faisaient le corps, la treizième le chapeau, l'orage pouvait venir !

Mais que de travail avant d'en arriver à la dernière ! Que de gestes à répéter, que de chemin à faire derrière la faucheuse ! On comprend avec quel enthousiasme furent accueillies chez nous, dans les années 60, les premières moissonneuses-batteuses. Authentique révolution qui, pour beaucoup d'anciens, tenait presque du miracle. Pensez, certains avaient connu le temps des moissons à la faux, voire à la faucille ! Alors, regarder évoluer une machine qui, non contente de couper les céréales, s'offrait le luxe d'en séparer le grain de la paille ! Spectacle inouï !

Comme toujours, des grognons ne se privèrent jamais de critiquer vertement cette bruyante manifestation du modernisme. A les entendre, elle faisait un gâchis fou, rasait trop haut la paille, cassait les grains, en perdait presque autant qu'elle en mettait en sac et, de toute façon, était trop volumineuse pour manœuvrer dans tous les champs !

Passent le temps et les anathèmes. Aujourd'hui, la question ne se pose plus de comparer les mérites respectifs de la faux et de la moissonneuse-batteuse ! Maints agriculteurs limousins ont, depuis longtemps, cessé de produire des céréales. On leur a assez répété que ce n'était pas rentable et qu'il était vraiment grotesque de vouloir s'entêter à faire son pain.

C'est peut-être vrai, même si celui qu'on achète dans les supermarchés n'a de pain que l'aspect et ne vaut rien pour tremper la soupe... Aussi, des champs de blé, ne nous restent que le souvenir et l'évocation de ces brûlants après-midi d'été où toute la campagne bruissait du chant des faucheuses, pendant que dans les fermes les grands-mères s'affairaient pour mitonner le repas du soir.

Épaule d'agneau

Ingrédients pour 6-8 personnes :

*1 épaule d'agneau d'1 bon kg
sel, poivre
ail, persil*

*Temps de préparation : 5 mn
Temps de cuisson : 1 h et 10 mn de repos*

Faire désosser et rouler l'épaule d'agneau par votre boucher.

Saler, poivrer et ailler. Faire cuire à four très chaud une bonne heure. Laisser au four 10 mn de plus.

Découper en tranches minces et servir avec des haricots verts ou des haricots blancs, aillés et persillés.

Beignets
Pâte à frire

Ingrédients pour 6 personnes :

*100 g de farine
1 dl d'eau tiède
1 cuillère à café de levure
1 œuf
1 cuillère à soupe d'huile
1 pincée de sel*

*Temps de préparation : 15 mn et 4 h de repos
Temps de cuisson : 5 mn dans la friture*

Mettre la farine dans une terrine. Faire une fontaine et y verser peu à peu, en délayant, l'huile, l'eau et l'œuf. On peut remplacer l'œuf par une cuillère à café de levure que l'on rajoute au moment de se servir de la pâte. Ajouter alors un peu plus d'eau.

Cette pâte à frire sert à enrober des légumes (salsifis, aubergines, choux-fleurs, préalablement cuits à l'eau salée), du poisson ou de la viande.

Mélanger délicatement la préparation choisie à la pâte à frire, plonger dans la friture bouillante 5 mn de chaque côté. Poser les beignets sur du papier absorbant et les maintenir au chaud.

Galantine de volaille

Recette à faire la veille ou l'avant-veille.

Ingrédients pour 8 personnes :

1 poulet de ferme de 2 kg et son foie
(acheté au marché ou chez votre volailler)
1 pied de veau
300 g de chair à saucisse
1 petite truffe
2 carottes
sel, poivre, clou de girofle
feuille de laurier, persil
2 oignons
1 œuf
4 ou 5 grains de poivre
1 poignée de gros sel
1 verre de madère

Temps de préparation : 1 h
Temps de cuisson : 1 h 15 pour la galantine (au four)
3 h pour le fond de volaille (1 h en autocuiseur)

La galantine : installer le poulet entier sur une planchette. Décoller la tête, enlever les ailerons et l'inciser de haut en bas, dégager le maximum de chair autour de la carcasse en « déshabillant » le poulet, faire glisser les os des cuisses et des ailes. (La carcasse ainsi nettoyée fera un excellent bouillon de volaille, ou bien elle pourra être rajoutée au fond de viande.)

Laisser à plat l'enveloppe ainsi obtenue, saler au gros sel (une bonne cuillère à soupe), mettre les rondelles de truffe sur les parties les plus charnues et saupoudrer de poivre.

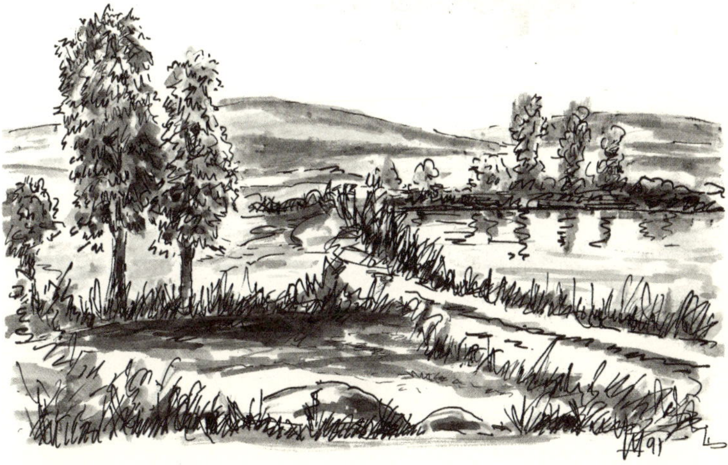

Préparer un hachis avec le foie, l'oignon, le persil et l'œuf, le mélanger avec la chair et le jus de la truffe.

Répartir cette préparation sur la galantine. Replier délicatement la peau pour enserrer complètement la farce, maintenir et bloquer la préparation avec de la ficelle de cuisine. Mettre dans un plat à four long et creux et faire cuire à four chaud (6/7) 1 h 15.

Le fond de viande ou gelée : mettre à cuire à l'eau bouillante le pied de veau, le bouquet garni, les pattes et les os du poulet. En fin de cuisson filtrer le bouillon, y rajouter un verre de madère et le verser sur la galantine pour qu'elle s'imprègne du parfum du fond de viande (celui-ci va devenir une gelée épaisse).

Recouvrir d'un film plastique et mettre au réfrigérateur pendant 24 h.

Pour présenter la galantine, la découper en tranches d'au moins 1 cm et la servir avec des cubes de gelée.

Poser le tout sur des feuilles de salade.

Cette préparation de fête se faisait plusieurs jours à l'avance.

Lapin confit

Ingrédients pour 6 personnes :

1 lapin de 1,500 kg
100 g de lard fumé
1 oignon, 3 échalotes
3 carottes
sel, poivre
thym, laurier
graisse d'oie

Temps de préparation : 30 mn
Temps de cuisson : 1 h 30

Faire revenir le lapin entier dans la graisse d'oie avec le lard fumé 5 à 10 mn sur chaque face.

Couper l'oignon et les échalotes en fines lamelles, les carottes en rondelles, ajouter sel, poivre, thym et laurier.
Couvrir et laisser mijoter 1 h 30.
Servir accompagné de pommes de terre vapeur.

Jambonneau de porc

Prendre un morceau de porc de 700 g environ, de préférence dans l'épaule ou dans l'échine. Assaisonner de sel, de poivre et de quatre-épices. Entourer de couennes.
Mettre à cuire 3 h en boîtes ou en bocaux.
C'est un plat d'été délicieux qui se mange avec des tomates crues, des cornichons et de la mayonnaise.

Gratin de courgettes

Ingrédients pour 6 personnes :

6 courgettes de plein champ de 250 g chacune
3 oignons, 1 gousse d'ail
1 poignée de mie de pain
2 œufs
50 g de gruyère râpé
sel, poivre
graisse d'oie

Temps de préparation et de cuisson : 1 h en tout

Émincer les oignons et les faire revenir à la graisse d'oie dans une cocotte haute et épaisse.
Pendant ce temps, laver les courgettes et les découper en lamelles très fines. Les ajouter aux oignons, saler, poivrer et tourner régulièrement pour faire évaporer l'eau des courgettes.
En fin de cuisson rajouter l'ail, la mie de pain, les œufs et la moitié du gruyère. Bien mélanger le tout.
Verser dans un plat à four, recouvrir avec le gruyère restant et mettre à gratiner.
Ce gratin accompagne très bien les viandes blanches.

Crème mousseuse au caramel

Ingrédients pour 6 personnes :

1 l de lait entier
80 g de sucre semoule
50 g de farine
4 œufs
10 morceaux de sucre
2 cuillères à soupe d'eau chaude
Temps de préparation : 20 mn
Temps de cuisson : 5 mn pour le caramel,
quelques minutes pour la crème

Délayer le sucre et les jaunes d'œufs. Rajouter la farine, bien mélanger. Faire bouillir le lait et le verser sur le mélange tout en remuant.

Faire un caramel avec les morceaux de sucre et l'eau, le verser dans la préparation.

Porter le tout à ébullition sans cesser de remuer. Laisser cuire quelques minutes.

Monter les blancs en neige et verser dessus la crème encore bouillante tout en les battant.

C'était toujours par un petit matin de début août qu'on apprenait la nouvelle. Portée par un long et strident ululement, elle déferlait de collines en vallées, résonnait de ferme en ferme et prévenait tout le monde que la batteuse était arrivée.

Elle était là, dans la région, encore loin mais quand même bien présente puisque, dès l'aube, et chaque jour, le proclamait son bruyant sifflet. Grâce à lui, on savait que le battage commençait chez Delmond, Lapouge ou Leyrac, des villages des Landes, Saint-Libéral ou Fonts-Miallet.

Peu à peu, son appel au travail se faisait plus proche, plus étourdissant. Venait le jour où la machine entrait dans le cercle des proches voisins, ceux à qui on devait donner la main, à charge pour eux de rendre le même service en temps voulu.

Et puis, un soir, retentissait non loin de la ferme les ferraillants gémissements des grandes roues crissant sur les pierres du chemin ; elle arrivait, elle était là !

Venait d'abord l'énorme et noire locomobile, toute suante de graisse et de cambouis. Monstre pansu, lourd de poulies, de bielles, de soupapes et de régulateur, et de cette grosse chaudière dont la porte ouverte laissait entrevoir des entrailles de tubulures, de grilles à feu, de cendrier. L'engin pesait plus d'une tonne et deux paires de vaches étaient nécessaires pour le tirer dans nos chemins de cailloux, souvent pentus comme des toits d'ardoise.

Derrière lui, craquant de toute sa caisse de bois, brinquebalée et secouée par les grosses roues de fer, lâchant parfois quelques flatulences de balles et de poussières accumulées dans les sombres recoins de son ventre, apparaissait la batteuse. Une Merlin, comme il se doit. Et de Vierzon, bien entendu.

Aussi lourde que la locomobile, elle demandait elle aussi la traction de quatre solides vaches et parfois même, dans les côtes, les coups d'épaule des hommes qui l'encadraient.

Car ils étaient là, eux aussi. Gris de poussière, mouchoir noué autour du cou pour éponger les flots de sueur ruisselant de leur visage recuit par le soleil, dopés par la fatigue et le vin de pays, ils marchaient, fourche à l'épaule, fiers comme des fantassins entourant quelque précieuse prise de guerre ! Heureux aussi car le jour tirait à sa fin et que, dans la ferme où ils conduisaient le matériel, les attendaient la soupe et le casse-croûte. Ce n'étaient que les prémices du gargantuesque repas qui, demain, après les heures de battage, leur redonnerait force et courage et les remercierait de leur aide.

En attendant, moulus par le travail du jour, ils avaient hâte d'installer au plus vite les machines dans la cour de ferme, de faire un solide chabrol et de rejoindre leur lit pour y sombrer, pendant quelques heures, dans un sommeil de plomb. Car la journée du lendemain s'annonçait longue et sévère. Usante aussi, surtout vers midi quand le soleil, au zénith, transformerait la cour en une véritable fournaise, sans cesse attisée par la réverbération des murs de brasiers des bâtiments en U.

Rudes heures de labeur qu'il fallait commencer au plus tôt, à la pointe du jour, à la fraîcheur. Car nul ne s'y trompait, la meule ventrue qui trônait orgueilleusement au milieu de la cour allait se défendre botte à botte, et malgré la voracité de la Merlin n'allait pas fondre sans se défendre, ni faire couler beaucoup de sueur !

Il me souvient... Nous étions tous là, entre douze et quinze hommes, plus ou moins jeunes mais solides, encore un peu engourdis par le sommeil et vaquant autour de la batteuse en attendant sa mise en marche.

Déjà, chacun connaissait sa place, sa tâche, bien conscient que la défaillance d'un seul entraînerait aussi un ralentissement ou même un arrêt du travail. Aussi était-il indispensable que chacun soit au poste qui lui convenait le mieux.

Aux plus lestes, le soin de grimper sur la meule et de lancer les gerbes sur le plancher de la Merlin. Aux plus adroits, la délicate et dangereuse mission d'approvisionner le terrible batteur dont les fléaux d'acier étaient prêts à happer la main, voire le bras, des imprudents ! Aux plus costauds, la rude épreuve de se faire charger sur l'épaule des sacs d'un quintal et de les hisser jusqu'au grenier. Aux plus endurants, car ils recevaient de plein fouet toute la poussière et la balle vomies par la soufflerie, le soin de récupérer et de coltiner la paille battue, puis de l'entasser dans le hangar. Enfin, au plus ancien, souvent invité par politesse mais pour lui prouver qu'il pouvait encore se rendre utile, la surveillance des sacs grands ouverts sous les goulots de dégorgement d'où coulait le flot ininterrompu de grains blonds.

Burette d'huile à la main, s'affairant autour de la locomobile dont la chaudière ronflait comme un four, l'entrepreneur, possesseur des engins, vérifiait les manomètres, s'assurait de la bonne tension des courroies, distribuait ici et là quelques généreuses giclées d'huile.

Déjà, nous comprenions tous que l'heure était proche, et

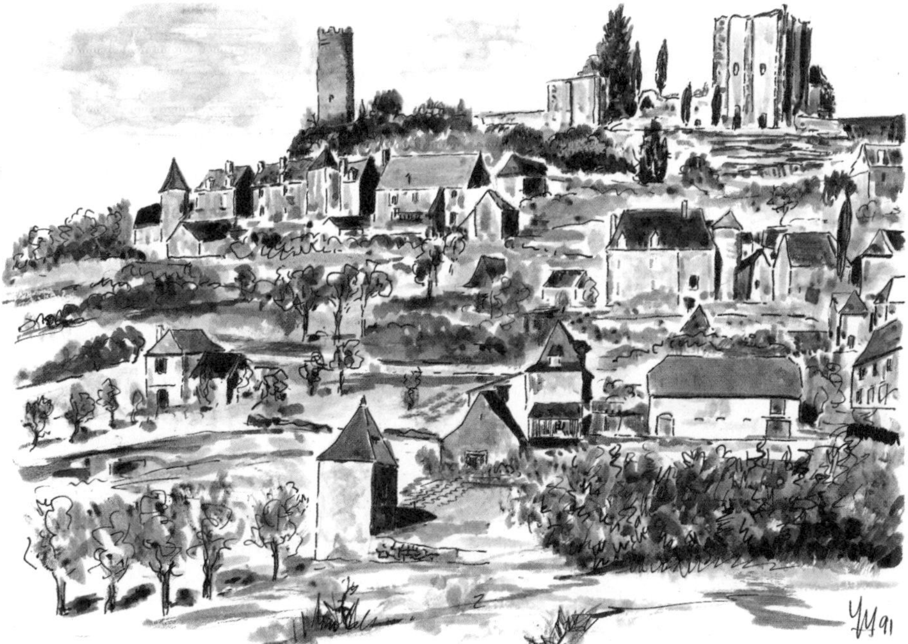

chacun prenait sa place dans l'attente du signal ; on le sentait imminent. Malgré cela, et bien que tout le monde sache à quoi s'en tenir, nous étions tous surpris lorsque fusait l'insoutenable et syncopé sifflement que le maître d'œuvre déclenchait enfin en libérant un puissant jet de vapeur bouillante.

Apeurés, queue entre les jambes, les chiens filaient vers les prés, tandis qu'un sourd grondement ébranlait la locomobile. Tout vibrait, tremblait, grognait, semblait prendre son souffle avant le départ. Alors, tandis que l'énorme poulie d'entraînement commençait sa ronde, la grosse courroie de transmission claquait, se tendait en sifflant comme une couleuvre apeurée, donnait à la batteuse toute la force et le mouvement de la chaudière en pleine pression.

Vite, plus vite, encore plus vite, jusqu'à ce que le mugissement de toutes les pièces en activité, les grincements, cliquetis, claquements et sifflements ne forment plus qu'un chant unique, une sorte de ronronnante mais assourdissante mélopée.

C'est alors que les premières gerbes tombaient sur le plancher. Prestement déliées, éparpillées, elles étaient aussitôt englouties en un bref chuintement de paille avalée, que suivait le crépitement des grains battus, propulsés dans les grilles des tarares. La poussière fusait de toutes parts, piquait déjà les yeux, auréolait la batteuse d'un lourd nuage gris. En quelques instants, chacun de nous trouvait son rythme, attentif à ne pas en changer et à maintenir la cadence ; elle était d'enfer car nous savions que l'entrepreneur se faisait payer à l'heure.

Ainsi coulaient la matinée et le temps, heureusement ponctués par quelques rasades de vin glacé — les bouteilles étaient mises à rafraîchir au fond du puits — que distribuaient les femmes, contentes de quitter un instant la chaleur et la fébrilité de la cuisine où le proche repas prenait corps.

Sans cesse picorée à grands coups de fourche, la meule, peu à peu écrêtée, perdait de sa hauteur, de sa superbe. Et les mulots qui pensaient hiberner là, dans le chaud de son ventre opulent et généreux, soudain démasqués par l'enlèvement d'une gerbe, filaient en des fuites sautillantes et désordonnées, ponctuées de couinements de terreur.

Les heures poursuivaient leur ronde, atteignaient midi et sa canicule, et semblaient s'arrêter là, au plus chaud de la journée. Alors le travail devenait très pénible et la sueur traçait des sillons ocre dans la crasse et la poussière agglutinées sur les fronts et les joues des travailleurs.

Mais à quelque chose malheur est bon. En Corrèze, nos fermes étaient petites, aussi était-il exceptionnel que le temps de battage dépassât huit à neuf heures. Certes, quelques « gros » mais rares propriétaires tiraient fierté de garder la batteuse chez eux deux jours de suite. Tel n'était pas le cas chez nous. Commencé à six heures du matin, le travail prenait généralement fin vers quatorze heures, à la grande satisfaction de tous.

Et c'est avec un soudain regain de courage que nous donnions l'ultime coup de collier, qu'étaient lancées les dernières gerbes. Englouties à leur tour, elles étaient aussitôt suivies par tous les résidus accumulés sur le plancher de la batteuse que balayait l'un des servants de la machine. C'était alors le crépitement final des grains et des épis poussés vers les fléaux.

Soudain privée d'aliment, la Merlin changeait de ton, son chant dégénérait, s'atténuait, s'essoufflait en de brefs râles, devenait ronronnement, puis dernier soupir. Alors, hébétés, encore assourdis par les précédentes heures de vacarme, nous titubions jusqu'au puits. Là, après avoir vidé force rasades de vin, qui débarrassaient la bouche et la gorge de toute la poussière inhalée depuis le petit jour, torse nu, nous nous lavions à grands seaux d'eau.

Amusant alors était le spectacle que nous donnions. En ces temps, on avait l'intelligence de ne jamais travailler torse nu. Chacun, et avec raison, se méfiait du soleil comme de la peste et ne l'affrontait jamais sans protection. Aussi, avec nos visages, nos cous et nos avant-bras rouge brique et complètement recuits et nos corps blancs comme des endives, paraissions-nous encore plus nus que nous ne l'étions, presque aussi pitoyables et vulnérables que ces longues et diaphanes tiges de pommes de terre germées en cave !

Mais au diable la coquetterie ! Sitôt lavés, sitôt rhabillés, c'est avec un appétit d'ogre que nous partions vers la maison. Là, dans la pénombre et la fraîcheur de la grande pièce aux volets clos, posée sur des tréteaux ou des comportes retournées, était dressée la table.

La fête pouvait commencer !

Velouté à l'oignon

Ingrédients pour 6 personnes :

3 gros oignons
3 grosses pommes de terre
1 gousse d'ail
sel, poivre
persil

Temps de préparation : 10 mn
Temps de cuisson : 20 mn

Faire bouillir 2 l d'eau salée, poivrée et persillée, y plonger les oignons, les pommes de terre et l'ail coupés en lamelles.

Faire cuire 20 mn.

Mixer finement et servir accompagné d'un filet d'huile d'olive et de fromage râpé.

Paupiettes de veau

Ingrédients pour 6 personnes :

12 escalopes de veau (fermier de préférence)
2 oignons
200 g de champignons des prés
6 tranches de jambon cru
1 dl de vin blanc
50 g de beurre

Temps de préparation : 20 mn
Temps de cuisson : 50 mn

Aplatir les escalopes. Étaler sur chacune une demi-tranche de jambon. Rouler et attacher les extrémités avec de la ficelle de cuisine.

Faire fondre le beurre dans une cocotte et y faire dorer les paupiettes 20 mn environ. Ajouter les oignons émincés, les champignons (selon leur taille, entiers ou en lamelles) et le vin blanc.

Couvrir et laisser mijoter 30 mn.

Déficeler les paupiettes, les dresser sur le plat de service et les napper du jus de cuisson. Servir aussitôt.

Fromage blanc ou cailladou

1 pot en grès
2 l de lait
1/2 verre de petit-lait
1 cuillère à café de « caséogène Dupont »
ou de présure liquide

Remuer dans un bol la présure et le petit-lait. Verser dans un pot en grès, ajouter les 2 l de lait tiède (25-30 °C). Recouvrir d'une assiette et laisser à température ambiante. Le caillé est pris au bout de 24 h.

Tant qu'il est frais le présenter sans égoutter. Ensuite le mettre dans des faisselles et consommer salé ou sucré. Le fromage égoutté se garde une huitaine de jours au frais.

Salé et séché sur des feuilles de vigne ou de châtaignier, il se conserve un mois.

Il faut penser à récupérer du petit-lait pour la réalisation du prochain fromage.

Poires au vin

Ingrédients pour 6 personnes :

12 poires
1 verre d'eau
2 verres de bon vin rouge
100 g de sucre cristallisé

Temps de préparation : 10 mn
Temps de cuisson : 15 mn

Éplucher les poires, les laisser entières ou les couper en quartiers (au choix).

Mettre le sucre dans une casserole avec un peu d'eau. Lorsque le sucre est fondu, y ajouter les poires et laisser cuire 15 mn à feu doux. Les retirer et les conserver dans un compotier.

Mettre le vin dans le sirop, laisser réduire et verser sur les poires.

Ce dessert se mange froid.

Merveilles

Ingrédients pour 12 personnes :

1 kg de farine
4 œufs
200 g de sucre
100 g de beurre
1 pincée de sel
1/2 verre de lait
1 paquet de levure de boulanger (42 g)
1 cuillère à café d'eau de fleur d'oranger
de la friture

Temps de préparation : 30 mn en tout et 2 h 30 de repos
Temps de cuisson : 5 mn

Faire un puits avec la farine. Y verser le sucre, le sel, les œufs, le lait tiède avec le beurre fondu, la levure diluée dans 2 cuillères de lait tiède et l'eau de fleur d'oranger.

Malaxer jusqu'à l'obtention d'une boule homogène. Laisser lever 2 h au chaud.

Abaisser la pâte au rouleau à 1/2 centimètre d'épaisseur, laisser encore reposer 1/2 h. Découper la pâte en rectangles de 8 cm sur 2 cm, tracer un trait au milieu, jeter 5 bonnes minutes dans une friture bouillante. Saupoudrer de sucre glace.

Les merveilles se mangent chaudes ou tièdes.

Pain d'épice

Ingrédients pour 2 moules à cake de 24 cm :

500 g de farine
1 pincée de sel
300 g de sucre
2 pincées d'anis
écorce d'orange ou de citron
2 verres d'eau chaude
2 cuillerées à café de bicarbonate
6 cuillerées à soupe de miel

Temps de préparation : 30 mn
Temps de cuisson : 1 h

Faire un puits avec la farine, le sel, le bicarbonate et le sucre.

Faire fondre le miel dans l'eau chaude, le verser sur la farine et remuer. La pâte forme alors le ruban.

Verser dans les moules à cake beurrés et farinés. Faire cuire 1 h à four moyen (4/5).

Démouler le pain d'épice encore chaud.

Cette recette peut également être réalisée avec 3 cuillerées à soupe de miel et 3 cuillerées à soupe de la confiture de votre choix.

Ce pain d'épice se conserve plusieurs semaines.

Quand j'y repense, nos menus de battage étaient proprement ahurissants. Ahurissant aussi l'honneur soutenu que nous leur faisions. Certes, huit à dix heures de travail d'affilée auraient ouvert l'appétit du plus anorexique, si tant est que cet état morbide ait jamais sévi chez les paysans corréziens ! D'autant que toutes ces heures de labeur venaient après plusieurs journées toutes aussi bien remplies chez les voisins, et qu'elles en précédaient d'autres !

Mais quand même ! Ce qui frappait lorsque tout le monde avait pris place autour de la table et s'était servi de soupe — un fabuleux bouillon de pot-au-feu, gras à souhait, avec d'énormes yeux flottant à sa surface, enrichi, suivant les fermes, de tapioca ou de vermicelle —, c'était le silence. Enfin façon de parler. Précisons plutôt un mutisme général uniquement meublé par les glouglous du vin coulant dans les assiettes et les longues et bruyantes aspirations d'une quinzaine de gaillards affamés. Ça aspirait, ça chuintait, ça gargouillait jusqu'aux longs râles de satisfaction qui ponctuaient l'ingestion de la dernière gorgée de chabrol qu'essuyait, sur les lèvres, un preste revers du dos de la main...

C'est lorsque les femmes apportaient les entrées que commençait la conversation. Elle roulait d'abord sur la journée de battage, le rendement et la qualité du grain battu. Et il était de bon ton, sauf si l'année était vraiment mauvaise pour tous, de complimenter un peu le propriétaire de la belle réussite de ses cultures. Mais il fallait savoir doser ses appréciations, faute de quoi personne n'était dupe, et le flatteur se retrouvait flagorneur en moins de temps qu'il n'en faut pour vider un verre de vin, fût-il du pays ! C'était très mal porté chez nous. Aussi, une fois l'hommage rendu à l'hôte, ne s'attardait-on point ; il y avait tant d'autres sujets à débattre, tant de nouvelles à donner ou à recevoir, tant d'opinions à affirmer !

Cependant, la prudence était aussi de rigueur et il eût, par exemple, été du plus mauvais goût d'aborder un sujet aussi scabreux et glissant que la politique. Et même si le vieux Victorien, que l'on savait plus rouge qu'une baie d'églantier — et tout aussi agressif —, était assis à côté du père Édouard — un réactionnaire de la haute époque vichyssoise ! —, nul ne s'avisait de les exciter et c'était très bien ainsi. En revanche, tout le monde était heureux d'évoquer des souvenirs, de parler des anciens — parfois partis depuis des lustres, mais dont l'aura grandissait d'année en année —, de relater des histoires de chasse, de pêche, ou les derniers potins entendus en foire de Brive, d'Objat ou de Meyssac.

Mais il fallait surtout faire honneur au repas, c'est-à-dire choisir entre le papotage et l'alimentation ! Bien entendu, il y avait toujours trois ou quatre bavards capables de parler la bouche pleine ; on les aimait bien, car ils remplissaient les conversations à eux seuls et permettaient aux autres de se reposer, de rire et de manger. Surtout de manger et de s'attaquer aux entrées.
Elles étaient là pour nous faire patienter avant les plats de résistance auxquels les femmes, tout aux fourneaux, consacraient tous leurs soins. Mais personne ne rechignait sur ces copieux amuse-gueules, ces tomates en salade couvertes d'œufs mimosa, ces saladiers de concombres et ces plats de charcuterie variée !
Tout cela prestement nettoyé, nous passions enfin aux choses sérieuses... Venait d'abord, plaisante mise en bouche, une tête de veau à la vinaigrette, moelleuse à souhait, une douceur à nulle autre pareille. Celle-ci expédiée, et alors que circulaient les bouteilles de vin, arrivait le pot-au-feu ; imposant et parfumé, il trônait sur un océan de carottes et de poireaux, moucheté de cornichons ventrus, d'où émergeaient, tels des icebergs, d'énormes et succulents os à moelle. Le tout bien récuré, nous passions aux poulets rôtis sur leur lit de salsifis. Un authentique régal qui n'avait cependant rien à envier aux cous d'oie farcis et aux pommes de terre sautées à la graisse qui leur succédaient. Ceux-ci avalés, sans que nul ne laisse supposer une quelconque lassitude de l'appétit, nous étaient proposés, ruisselant dans leur jus bouillant, les confits de canards aux hari-

cots verts ; véritable don du ciel à qui il eût été malséant de faire mauvais accueil !

Et tout aussi grossier et vexant pour la maîtresse de maison, et ses voisines venues en aide, de relâcher nos coups de fourchette lorsque apparaissait le rôti de porc aux haricots blancs. Là, l'objectivité m'oblige à reconnaître que la fringale était un peu calmée quand s'éloignaient les plats vides, nettoyés du dernier haricot !

C'est dire si les tomates farcies, merveilleusement rôties au four, à la peau brunie et craquelée par la chaleur, tombaient à point. C'est un mets si délectable qu'il se mange sans faim, presque comme un dessert ! Nous n'en étions pas encore là car, avant les babas à la gnôle et les tartes diverses, toutes dégoulinantes de confiture ou de lourdes prunes caramélisées, nous nous rafraîchissions grâce à quelques saladiers de laitue à l'huile de noix, servis avec le plateau de fromages.

Ensuite, seulement, venaient les sucreries ! Même le café, généreusement arrosé d'une vieille eau-de-vie de prune — ou d'un marc assassin et canaille —, était servi avec les merveilles, succulents morceaux de pâte, cuits à la grande friture et saupoudrés de sucre glace.

Enfin repus, c'est en titubant un peu que nous quittions la table. Nous nous y étions installés quelque trois heures plus tôt, aussi, dehors, le soleil avait bien baissé vers l'horizon. Mais la chaleur était toujours là, meurtrière pour certains, éprouvante pour tous...

Les plus touchés s'esquivaient à la recherche de quelque coin d'ombre, propice à un petit somme. Quant aux autres, fourche à l'épaule, ils escortaient jusqu'à la ferme suivante, parfois distante de plusieurs kilomètres, la batteuse qui, dès le lendemain à l'aube, recommencerait son bruyant festin de gerbes.

Et pendant ce temps, dans la cuisine, les ménagères prépareraient un autre festin, si possible plus plantureux et varié que celui du jour. Il en allait de l'honneur de la maîtresse de maison.

Tête de veau

Ingrédients pour 6 personnes :

1/2 tête de veau préparée par le tripier
1/2 l de vin blanc sec
1/2 l d'eau
1 gousse d'ail
1 oignon
1 clou de girofle
persil, thym et laurier
2 carottes
sel
quelques grains de poivre
1 vinaigrette, 1 œuf dur

Temps de préparation : 30 mn
Temps de cuisson : 2 h (30 mn en autocuiseur)

Déposer la tête de veau dans une cocotte. Recouvrir avec le vin blanc et l'eau froide (la tête doit être recouverte aux 2/3). Ajouter les carottes coupées en rondelles, l'oignon piqué d'un clou de girofle, l'ail, le persil, le thym et le laurier. Saler et poivrer. Porter à ébullition et laisser cuire à couvert pendant 2 h.

Servir chaud avec des pommes de terre vapeur et une vinaigrette dans laquelle il faut rajouter un œuf dur mouliné.

S'il en reste, ce plat se réchauffe dans son court-bouillon.

Cou d'oie farci

Comme pour les confits vous pouvez trouver des cous farcis dans le commerce. Il faut compter un cou d'oie pour six personnes, un cou de canard pour quatre.

Ingrédients pour 6 personnes :

1 cou d'oie farci
250 g de farine
1 œuf
75 g de beurre
1 cuillère à café de levure sèche
1/2 verre de lait
1 jaune d'œuf pour dorer
100 g de cèpes
1 petit pot de crème fraîche (12,5 cl)

Temps de préparation : 30 mn
Temps de cuisson : 35 mn

Préparer une pâte brisée en y ajoutant une cuillère de levure sèche et un œuf. Abaisser la pâte sur 3 mm d'épaisseur, enrober le cou bien hermétiquement et dorer au jaune d'œuf. Faire cuire à four chaud (6/7) 35 mn.

Dans le même temps, confectionner une sauce aux cèpes. Faire revenir à la poêle 100 g de cèpes, lier avec la crème fraîche, ajouter du sel, du poivre et du persil et servir chaud en saucière.

Confit d'oie aux cèpes et aux pommes de terre

Si vous ne faites pas vos conserves vous-même, vous pouvez en trouver dans le commerce. Il faut compter un confit d'oie pour quatre personnes, un confit de canard pour trois.

Ingrédients :

1 ou 2 confits
250 g de pommes de terre par personne
100 g de cèpes (frais de préférence)
1 gousse d'ail
persil

Temps de préparation : 20 mn
Temps de cuisson : 1 h 30 en tout

Ouvrir la boîte du confit et la faire réchauffer au bain-marie pendant au moins 1 h.
Dans le même temps prélever une cuillère de graisse d'oie pour faire rissoler les pommes de terre coupées en cubes.
Au bout de 10 mn ajouter les cèpes coupés en lamelles fines et achever la cuisson à feu vif 10 mn de plus.
Rajouter la gousse d'ail et le persil haché.
Passer le confit à la poêle pour le faire sécher et griller.
Découper, entourer des pommes de terre aux cèpes et servir aussitôt.

Il est également possible de dégraisser le confit dans la poêle qui servira à la cuisson des pommes de terre. Le mettre ensuite pendant 20 mn à four tiède (4/5). Le confit est alors plus sec.

Baba à l'eau-de-vie de prune

Ingrédients pour 8 personnes :

250 g de farine
30 g de sucre fin
30 g de levure de boulanger
100 g de beurre
le zeste d'1 citron
1/2 verre de lait
3 œufs

Pour le sirop :
150 g de sucre cristal
le zeste d'1 citron ou d'1 orange
2 à 3 dl d'eau-de-vie de prune
3/4 l d'eau

Temps de préparation : 1/2 h et 2 h de repos
Temps de cuisson : 35 mn

Faire fondre dans un récipient la levure et le lait tiède.

Faire un petit levain avec 1/4 de la farine et 1 cuillère à café de sucre. Bien travailler, couvrir et faire doubler de volume au tiède.

Mélanger dans une terrine le reste de la farine, le beurre, le sucre, le sel et 2 œufs. Pétrir avec la main, ajouter le troisième œuf et le levain. Travailler la pâte pour former une boule homogène qui n'attache pas à la main. Ne pas travailler plus d'un quart d'heure.

Remplir un moule à baba beurré et fariné, couvrir et faire lever au tiède.

Lorsque la pâte remplit le moule, mettre à four chaud (6) 35 mn.

Pendant ce temps faire un sirop avec le sucre, le zeste, l'eau.

Ne mettre l'eau-de-vie qu'au moment du trempage.

Démouler le baba à chaud et l'imbiber avec le sirop.

Servir avec des fruits de saison, de la gelée de fruits ou une crème chantilly.

Pâte à choux

Ingrédients pour une douzaine de choux :

2 verres d'eau
75 g de beurre
1 pincée de sel
2 verres de farine
3 œufs

Temps de préparation : 15 mn
Temps de cuisson : 15 à 20 mn

Mettre sur le feu dans une casserole épaisse l'eau, le beurre et le sel.
Lorsque le mélange arrive à ébullition, retirer du feu et jeter la farine.
Remuer sur feu doux jusqu'à ce que la pâte forme une boule et se détache des parois du récipient.
Ajouter hors du feu et rapidement les œufs un à un. La pâte doit former un ruban.
Avec une petite cuillère, mettre des boules de pâte sur une plaque beurrée et farinée.
Faire cuire à feu vif (6) 15 à 20 mn.
A la fin de la cuisson vérifier que les choux soient durs et fermes sous le doigt.

Cette recette peut aussi servir à l'élaboration de la pièce montée.

C'est à l'éloignement de la batteuse, mesuré à son chant chaque jour de plus en plus lointain et faible, que j'évaluais, jadis, le déclin de l'été. Ce n'était pas pour m'enchanter car, avec lui, approchait la rentrée.

Septembre était là, les nuits se faisaient plus longues et plus fraîches, les petits matins plus brumeux. Depuis quelque temps, le potager embaumait le melon bien mûr, riche de tout le sucre longuement élaboré au soleil de l'été.

La vigne aussi devenait de jour en jour plus intéressante et fréquentable. Déjà, le *Baco* avait permis de retrouver le goût du raisin, un peu aigrelet certes, mais quand même agréable. Quant au *Rayon d'or*, s'il gagnait à attendre encore un peu, on ne pouvait juger de sa pleine maturité qu'en le goûtant, lui aussi.

Cependant, tout aussi implacablement que l'ombre d'un cadran solaire pivote autour du style qui l'engendre, s'égrenaient les derniers jours de vacances. Arrivait enfin le matin où Louis commençait à nettoyer les comportes, à rincer les barriques, à balayer la cave. Les vendanges étaient imminentes, la rentrée aussi...

Je l'ai dit au début de ce petit périple dans les quatre saisons et la cuisine de notre Limousin, pour moi, l'année s'achève quand meurt l'automne. Justement, alors que je pose ces dernières lignes, le vent d'autan s'est levé depuis quelques jours. Voici peu, nous avons eu notre première petite gelée blanche, dans les coins les plus froids de la vallée qui serpente au pied de la ferme.

Fait plus significatif encore de la fin de l'année, un gros vol de grues m'a attiré dans le jardin, l'autre nuit. Je ne dormais pas, pas encore ou plus du tout, je ne sais. Dehors, le ciel était d'encre et le vent lourd d'odeurs de pluie et de feuilles mortes.

Au-dessus de moi, invisibles mais pourtant très présentes, s'appelaient et se répondaient les grues, en de longs et lugubres cris. Elles passèrent à ma verticale, filant plein sud, vers le soleil ; mais leur chant, porté par le vent, meubla longtemps la nuit.

Allons, foin de nostalgie et de poésie à quatre sous, depuis que j'ai passé l'âge de rentrer à l'école, je ne ressens nulle tristesse à voir périr l'automne, et l'année avec elle. Dans quelques mois, le chant des grues résonnera de nouveau et le printemps viendra.

Toute saison a son charme, ses bonheurs, ses joies, ses récoltes, ses fruits, sa bonne cuisine.

Puisse cette promenade, au pays des souvenirs et de la bonne chère, ouvrir à quelques-uns nos sentiers du Limousin et rappeler à d'autres que c'est aussi un coin de France où nos ménagères savent toujours ce que cuisiner veut dire !

Marcillac, octobre 1991.

*Table
des
Recettes*

Préparations de base

Conserve de truffes 78
Coulis de tomates 139
Farce de mes grands-mères 115
Pâte à choux 169
Pâte à crêpes 65
Pâte feuilletée 121

Potages et soupes

Potage aux concombres 114
Potage aux légumes 51
Soupe à l'oignon 23
Velouté à l'oignon 158
Velouté de citrouille 70
Vin chaud 61

Entrées froides

Conserves de foies d'oie 78
Galantine de volaille 148
Pâté campagnard 62

Salade de gésiers	101
Tourtous corréziens	61
Tourtous aux rillettes	62

Entrées chaudes

Artichauts Barigoule	101
Escargots	108
Omelette à l'oseille	124
Omelette aux girolles ou omelette aux cèpes	41
Omelette aux truffes	41
Tarte aux oignons nouveaux	104
Vol-au-vent	70

Poissons

Brochet	63
Carpe farcie d'Irène	87
Morue à la persillade	73
Truites au beurre et au citron	133

Volailles, lapins et gibiers

Canettes aux girolles	40
Civet de sanglier	31
Confit d'oie aux cèpes et aux pommes de terre	167
Coq-au-vin	30
Cou d'oie farci	166
Cuissot de chevreuil de l'ami Guy	33
Dinde de Noël	77
Faisan	31
Lapin confit	150
Magret de canard aux cèpes	24
Pigeons aux petits pois	103
Pintade de Mathilde	133

TABLE DES RECETTES

Poule farcie 72
Sanguette 87

Viandes

Blanquette de veau 51
Bœuf mode 52
Boudins aux pommes 90
Carré d'agneau 132
Cassoulet de Bernadette 131
Épaule d'agneau 147
Farce dure briviste 92
Fricassée de porc 89
Gigot d'agneau 109
Grenadins de veau aux mousserons 102
Jambonneau de porc 151
Paupiettes de veau 159
Petit salé aux lentilles 89
Poitrine de veau farcie 71
Pot-au-feu 25
Potée limousine au petit salé 90
Ragoût de mouton 64
Rôti de bœuf 91
Rôti de veau 132
Tête de veau 165

Légumes

Cèpes farcis 39
Châtaignes blanchies 46
Chou à la gadoille 73
Chou farci 107
Courgettes farcies 116
Cornichons de mon jardin 116
Farcidure de pommes de terre 93
Gratin de courgettes 151

— *177* —

Milhassous 106
Pâté de pommes de terre 121
Petits pois à la corrézienne 103
Pommes de terre farcies en cocotte 53
Pommes de terre sautées à la graisse d'oie 24
Tomates farcies 115

Desserts

Baba à l'eau-de-vie de prunes 168
Beignets — Pâte à frire 147
Biscuit roulé 79
Châtaignes au sirop 47
Chaussons aux pommes 47
Clafoutis 139
Craquelins 42
Crème mousseuse au caramel 152
Crème pâtissière 124
Fromage blanc ou cailladou 159
Gâteau aux noix 48
Gâteau de châtaignes 80
Glace à la vanille à la liqueur de noix 48
Merveilles 160
Millasou aux pommes 64
Mousse au chocolat amer 79
Œufs au lait 134
Pain d'épices 161
Pain de Pâques 109
Poires au vin 160
Pommes à la bonne femme 91
Salade de fruits de Corrèze 140
Tarte briochée à la confiture 26
Tarte aux fraises 123
Tarte aux pralines de mes grands-mères 81
Tarte aux prunes de Perpezac-le-Blanc 122

TABLE DES RECETTES

Fruits

Confiture de figues au miel 32
Confiture de fraises. 141
Confiture de framboises. 141
Confiture de pastèques. 65
Confiture de prunes 142
Gelée de cassis, de framboise ou de groseille 142
Gelée de coing ou gelée de pomme 142
Cerises à l'eau-de-vie 143
Prunes à l'eau-de-vie 143
Vin de framboises. 134

Notes personnelles

Notes personnelles

Notes personnelles

Notes personnelles

Notes personnelles

Notes personnelles

Aubin Imprimeur
LIGUGÉ, POITIERS

COMPOSITION – IMPRESSION – FINITION

Achevé d'imprimer en septembre 1992
N° d'édition 34345 / N° d'impression P 41355
Dépôt légal mai 1992
Imprimé en France